Le Lion De Juda

23 Fois Champion

Avec 23 Médailles de Diamant

Renaut Pierre-Louis

2023

Remerciements

Je rends grâce à Dieu de m'avoir inspiré pour partager avec vous quelques témoignages. En effet, ils sont bien sombres. Dieu seul en connait les raisons. Vingt-trois attentats à ma vie ! Pourquoi vingt-trois Seigneur ? Votre vie, m'a-t-il dit, est une interprétation du Psaume 23. Ainsi, dans ma vie de pèlerin, il me faut compter que sur lui, le Souverain Berger, le dispensateur de toute grâce excellente et de tout don parfait.

A lui seul soit toute la gloire ! Amen.

Dédicace

J'envoie un bouquet d'hommage à la mémoire de ma mère Modesta Pierre, ma tutrice dans l'art de la correspondance dès ma tendre enfance ; à ma femme, Catherine Pierre-Louis, pour sa constance auprès de moi dans l'adversité ; à mon fils, l'ingénieur Moise Pierre-Louis pour le formatage et la présentation de style de mon ouvrage ; à vous tous, compagnons de prière, critiques et lecteurs assidus de la Torche Brûlante, je dédie cet ouvrage et saisis l'occasion pour vous exprimer mes sincères remerciements.

Renaut Pierre-Louis

Préface du Révérend Dr. Amos Eugène

Ceux qui ne connaissent pas Pasteur Renaut Pierre-Louis intimement et qui ne sont pas nourris dans sa pensée peuvent se laisser aller jusqu'à douter de la véracité des témoignages qu'il partage avec nous dans son recueil "Le Lion de la Tribu de Juda". Les plus sceptiques diront même que l'auteur s'exagère ses forces et ne fait qu'activer le feu de son imagination incandescente pour accoucher des fariboles qui ne valent que par leur bizarrerie. Mais pour nous qui l'avons côtoyé et qui croyons au surnaturel, nous ne remettons en cause aucun des vingt-trois témoignages relatés, quelque saugrenus et invraisemblables qu'ils puissent paraitre.

Tout compte fait, Pasteur Pierre-Louis est un homme de prière et de foi, une âme d'élite qui ne s'égare jamais du droit chemin et dont les désirs s'élèvent au-dessus des préoccupations matérielles, et par-dessus le marché, un prédicateur intransigeant et tranchant qui ne recule devant aucun danger quand il s'agit de proclamer la vérité, fut-ce au péril de sa vie. Bien plus, il est un chrétien compatissant dont la vertu est toujours secourable aux opprimés, et un théologien pragmatique qui allie l'action à la parole pour soulager le sort des moins fortunés que lui. Dans son cerveau enfiévré, s'enchevêtrent toujours des visions et des projets de toute espèce, ce qui lui a permis d'entreprendre et de réaliser de grandes choses pour Dieu et pour ses ouailles.

Dynamique et intrépide, altruiste et généreux, en sa qualité de Pasteur de l'Eglise Baptiste Redford, il se dépensa jusqu'à la dernière limite de ses possibilités pour exercer un ministère pluridimensionnel qui, prenant en compte la nature psychosomatique de l'homme, s'interdit de succomber à l'erreur de l'orthopraxis, de sorte que, dans sa pastorale, il a su garder le juste milieu en se distançant de la théologie moderne dont l'orientation trop humaniste a certainement rétréci et dilué à la fois le message néotestamentaire. En cela, Il a le mérite d'avoir résisté à la tentation de se transférer du céleste au terrestre, du religieux au politique, de la praxis doctrinale à la praxis sociale.

Tout cela, je l'ai évoqué de propos délibéré pour mettre en lumière le ministère combien fructueux de cet homme de Dieu dont la carrière pastorale s'échelonne déjà sur plus de 50 ans. Pendant ces 50 ans, il a dû s'achopper à nombre de difficultés, les unes plus insurmontables que les autres, mais, bénéficiant de l'appui inconditionnel de son Dieu protecteur, il a triomphé d'elles toutes. Il s'est parfois laissé entrainer à des extrémités dans son souci de défendre efficacement les intérêts de l'Evangile de Jésus-Christ ; j'en veux pour preuve sa mésaventure avec Adherbal l'Hérisson à St Raphael.

Sa foi en Dieu l'a souvent sauvé d'une mort certaine, mais les incrédules, au lieu de créditer Dieu d'un miracle en faveur d'un fidèle serviteur, seraient plus enclins à attribuer ses délivrances extraordinaires à sa clairvoyance spirituelle, ce qui lui a permis de déceler, comme d'instinct, le danger qui le guette et de se sauver. Qui pis est, le succès inouï qu'il a connu à l'Eglise de Redford au Cap-Haitien, était, contre toute logique, en butte aux traits de l'envie, et aurait pu lui couter la vie sans l'intervention in extremis de l'Eternel des armées. En effet, ses grandes réalisations, quoique profitables à l'ensemble de la communauté qu'il desservait, ont exaspéré les convoitises et envenimé la haine des envieux qui en avaient assez de sa bienfaisance peu commune. Peu à peu, leurs sentiments cachés ont évolué vers une espèce de rage et de vengeance. Le psalmiste l'exprime merveilleusement bien au Psaume 34 :20 où il dit : "Le malheur atteint souvent le juste, mais l'Eternel l'en délivre toujours".

Non, l'auteur de "Le Lion de la Tribu de Juda" n'exagère pas. Il ne fait que partager avec les lecteurs les sombres et invraisemblables épisodes de sa vie tourmentée, harcelée par l'ennemi, mais contrôlée et protégée par Dieu. Ces témoignages, j'ose l'espérer, auront la vertu de déclencher une surenchère de foi chez les croyants et de percer le voile de l'incrédulité et de l'erreur chez ceux qui tâtonnent encore dans l'obscurité du péché. Que chaque chrétien, soucieux du raffermissement de sa foi, s'en procure une copie et s'évertue à en recommander la lecture à tous ses amis, chrétiens ou non chrétiens. Bonne Lecture.

Amos Eugène, Pasteur
Première Eglise Baptiste Haitienne de North Dade
Miami, Florida. Le 2 Mars 2017

Préface du Révérend Dr. Mariot Valcin

A réfléchir sur l'ouvrage "Le Lion de Juda" du Pasteur Renaut Pierre-Louis, je ne peux m'empêcher de penser à ces paroles si profondes d'un auteur de l'antiquité : "Certains hommes sont devenus grands pour avoir clairement refusé d'être définis seulement par leur environnement". Nul doute qu'un tel jugement pourrait s'appliquer au Pasteur Pierre-Louis qui, tôt dans son ministère, a rejeté les prises de position de bon nombre de ses devanciers quant au rôle du Pasteur dans sa société.

Etudiant en dernière année au Séminaire de Théologie du Limbé, il a d'abord été considéré comme un extra-terrestre par les recrues de ma catégorie en raison de sa forte personnalité et de sa vision du monde.

Quand il a eu l'occasion de prêcher à la Chapelle des Etudiants, ses appels au courage et à la grandeur ont ému plus d'un. A une époque où la mission de l'Eglise a été influencée par le mépris du temporel selon le dualisme de Platon, l'étudiant Pierre-Louis a prêché avec conviction que le Pasteur devrait user de la chaire non seulement pour préconiser de bonnes relations avec Dieu, mais aussi dans le dessein de motiver ses ouailles pour des œuvres de grandeur, même au péril de leur propre vie.

Inutile de dire qu'une telle vision a poussé plusieurs à se demander s'il n'a pas été fait de l'étoffe d'anciens prophètes des temps bibliques, comme Amos et Jean-Baptiste, pour ne citer que ces derniers. Et c'est exactement ce qu'est devenu notre frère bien avant son ordination.

D'abord, à Saint-Raphaël où il a travaillé comme Etudiant-Pasteur, il a su tracer une ligne de démarcation très nette entre le sacré et le profane. Pour lui, en aucun cas, le Temple de Dieu mis à part pour l'adoration du Père Céleste et la proclamation de Sa Parole ne devrait être employé pour les affaires séculières. Cette interprétation a provoqué la colère des autorités de la zone, habituées aux courbettes de quantité de leaders d'Eglises. Bien vite, la vie de notre ancien compagnon d'études s'est trouvée menacée. Des parents, des amis et des collègues ont beau lui conseiller de se montrer plus souple à l'égard des agents de l'Etat réputés pour leurs actes de méchanceté, rien de tel chez le jeune pasteur. Homme de prière, il a bravé les prétendus dangers perçus par le commun des mortels. A la manière de l'apôtre Paul, il n'a semblé faire aucun cas de sa vie pourvu qu'il ait pu accomplir son ministère. Le Dieu de Daniel et de ses trois compagnons est venu à son secours. Il a laissé Saint-Raphaël sans se compromettre et, plus tard, il a appris sans triomphalisme, le mauvais sort échu à ses persécuteurs et à quelques soi-disant fidèles qui ont accepté de fléchir les genoux devant Baal.

Peu après, le voilà au Cap-Haïtien où il a continué à récuser l'étroitesse de vision inoculée par l'environnement. Bien vite, il s'est fait remarquer non seulement comme un prédicateur soucieux de proclamer la vérité en toute occasion, selon l'image de l'apôtre Paul, mais aussi comme un constructeur infatigable. Contrairement à la tendance de plusieurs de ses collègues à promouvoir seulement le spirituel à l'exclusion du temporel, le Pasteur Pierre-Louis s'est intéressé à tout l'homme. Par l'érection de son centre professionnel ESVOTEC et de ses nombreuses démarches pour transformer du tout au tout la zone de Sainte-Philomène, il a fait de l'Eglise Baptiste Redford, selon ses propres mots, une citadelle spirituelle en face de la citadelle physique d'Henri Christophe. Il s'est consacré à bâtir des vies humaines et à léguer à tous ceux qui l'ont pratiqué le sens du beau et du merveilleux. Ses appels à la poursuite d'idéaux élevés ont profondément influé sur une génération d'hommes et de femmes enfin convaincus que tout est possible à ceux qui croient en Dieu même avec leurs débuts peu prometteurs. Rien d'étonnant donc qu'il se soit heurté à l'opposition des uns et des autres. C'est le sort des novateurs d'être traités de la sorte. Les machinations des ennemis de l'extérieur de l'Eglise, jointes à la faiblesse de quelques-unes de ses brebis, lui ont coûté cher. Il s'en est fallu de peu qu'il n'ait perdu la vie. Mais, jamais n'a été altérée sa foi dans le Dieu de la délivrance. Comme autrefois le prophète Elie, il a été transporté par son Maître (1 R. 18 : 12) et, aujourd'hui encore, avec la même chaleur et la même sincérité, il continue à semer le grain de la Parole du salut où que Dieu lui permette de porter ses pas.

A travers les situations décrites dans Le Lion de Juda, Pasteur Renaut Pierre-Louis n'a pas raconté des contes. Il a laissé parler son cœur. J'ai été témoin de quelques-unes des attaques auxquelles il a survécu. Et ses témoignages visent à informer ses lecteurs que le Dieu de la Bible est le même hier, aujourd'hui et éternellement et, surtout, à les persuader de placer leur confiance dans le Créateur et Père de qui David a dit au Ps. 34 : 23 : "L'Eternel délivre l'âme de ses serviteurs et tous ceux qui l'ont pour refuge échappent au châtiment".

Miami, ce 6 Avril 2017,
Mariot Valcin, Pasteur.

Modesta C. Pierre (ma mère à 30 ans)

Renaut Pierre-Louis, Licencié en Droit, 1975

Ma famille à Port-au-Prince
après le «déchoucage» du 8 janvier 1991
A l'arrière, de gauche à droite:
Catherine (épouse) Esther, Moise, Alexandra
A l'avant, de gauche à droite: Florence,
Ben-Renaut, Joan (6 enfants)

Vingt-Trois Tentatives Ratées D'assassinat

Avant-Propos

La lecture de cet ouvrage vous sera profitable si seulement vous avez la foi en Dieu, car ces témoignages que vous allez vivre sont authentiques. Ils sont loin d'être les fruits d'une imagination fertile où le sujet est mis dans des situations impossibles avant d'en sortir vainqueur. Dieu veut de préférence, rappeler à tous, particulièrement aux incrédules, sa souveraineté : Il est le même hier, aujourd'hui et éternellement. Il veut augmenter la foi des croyants et leur dire : « N'importe quelle vie » peut expérimenter victorieusement ces mêmes tragédies.

C'est aussi sa manière de vous convaincre que chacun a son étoile que nul ne peut éteindre, car elle doit briller et suivre la trajectoire de sa destinée. Alors, vous serez parmi les premiers à affirmer l'existence des hommes de Dieu comme Abraham, Job, Moise, Joseph, Daniel et de ses trois compagnons et tous seront, du même coup, persuadés de la véracité de la Bible, et surtout des mystères qui gravitent autour du nom de Jésus-Christ et de son œuvre expiatoire.

Il vous est fortement recommandé de lire ces pages dans un esprit de prière et de vous en servir comme source de réconfort dans les heures difficiles que vous pourrez affronter dans votre vie.

Je dois aussi ajouter que certains noms sont omis intentionnellement, sans que soient altérés ces témoignages qui vous serviront de solides appuis sur votre montée vers l'abri du Très-Haut ou bien dans votre descente dans la vallée de l'ombre de la mort.

Que le nom du Seigneur soit béni !
Renaut Pierre-Louis, auteur

Témoignage No.1
Assassinat Par Strangulation

Nous habitions à Ouanaminthe dans la zone appelée « Nan Kokoye ». J'avais huit ans. Je vivais au sein d'une famille de cinq dont ma maman Modesta, ma tante Anne, mes deux frères Clorel et Jean Marie.

Par un beau soir d'été, tandis que ma tante s'entretenait au salon avec un visiteur, nous étions, nous les enfants, groupés dans une salle qui s'ouvre sur la cour. A ce moment, survint un garçon du voisinage. Il était un peu plus âgé que nous et il nous divertissait avec des blagues, à vrai dire, des blagues innocentes. Cependant, il avait l'esprit frondeur. Tandis que mes deux frères étaient de toute oreille à l'écouter, je tombais de sommeil sur un canapé et j'ai commencé à ronfler. Ils en riaient tous et pour me ridiculiser, ils m'ont ajusté à la bouche du papier enroulé en forme de cigare.

Comme mes frères en étaient satisfaits, le gamin en profitait pour me passer une corde au cou en l'attachant au canapé. Mais voulant hâter le plaisir qu'ils jouiraient à mon réveil, ils m'ont secoué avec un peu de violence. Dans mes élans pour me tenir debout, la corde m'étranglait. Pris de panique, ils ne savaient comment m'en tirer. Plus ils redoublaient leurs efforts pour m'en dégager, plus la corde me serrait.

A mon cri de détresse, ma tante accourut et ce n'était que pour constater mon agonie. Elle ne savait que faire. Heureusement le visiteur, en l'occurrence notre parent, le capitaine Antoine Pierre était là. Avec un sang-froid calculé, il m'a relâché. Et mes pauvres frères ne faisaient que rire à côté du jeune voisin, l'auteur du forfait.

Pourquoi n'étais-je pas mort sur le coup ? C'est parce que sur le livre de mon Dieu était tous inscrits les jours qui m'étaient destinés avant qu'aucun d'eux n'existât ».

Que tes pensées, ô Dieu, me semblent impénétrables! Ps. 139 : 16-17

Témoignage No.2
Assassinat Par Empoisonnement

J'avais douze ans. L'ouverture des classes approche. Pris au dépourvu, mon père était réduit à nous loger chez une mégère. Pour compagnons d'infortune, j'avais mes deux frères ainés Clorel et Justin. Ils m'accordaient toujours leur attention fraternelle. De ce côté, l'atmosphère était bien détendue. On blaguait, on riait durant nos rares heures de loisir, vu nos obligations scolaires.

Mais d'un autre côté, le ciel était un peu sombre. Cette dame avait une mine revêche et était loin de manifester de la sympathie à des gens auxquels elle n'était nullement redevable. Elle devait, malgré elle, préparer nos repas qu'un garçon en domesticité nous apporte dans notre petite salle à manger.

Notre ration alimentaire demeure la même pendant deux ans. Le matin, c'était toujours un verre d'acassan au sirop accompagné d'un pain beurré au mamba. On s'empressait de l'avaler car l'horaire scolaire était tyrannique et l'on devait se dépêcher pour être toujours ponctuel.

Cependant, le jour vint où, malgré mon appétit glouton, je manifestais un peu de lenteur à entamer mon déjeuner. Qu'est-ce qui m'a retenu, alors ?

Dieu m'a averti que ce repas sera empoisonné. En effet, dans ma vision, j'ai vu cette dame qui me disait : « M-manke-w, ou gen chans !» c'est-à-dire : « Vous l'avez échappé belle, vous avez de la chance !»

Quand la collation était servie, la première chose que j'ai faite, était d'ouvrir le pain.

Pouvez-vous deviner ma surprise ? Une grosse blatte (ravette en langage ordinaire) en smoking rouge, ayant ses deux antennes allongées, était aplatie dans son entier dans le pain.

Sur le conseil de mes frères, je me suis rendu auprès de la dame pour la lui montrer. Sans même s'excuser, elle joue plutôt à l'étonnement :
- Oh ! Ça, c'est l'œuvre du garçon !
Et pourtant, à midi comme au soir et dans la suite, elle a la charge de nous servir à manger.

Mon père entre en ville chaque semaine. Pourtant, je me suis gardé de lui en parler car j'avais la ferme assurance que si cette elle osait récidiver son geste méchant et cruel, ce serait pour son malheur car Dieu interviendrait certainement de la même manière.
« La main de l'Eternel n'est pas trop courte pour sauver, et croyez-moi, notre Dieu n'est jamais en retard. » Es.59 :1

Témoignage No. 3
Assassinat Par Empoisonnement

Cette-fois ci, la scène est exportée dans un autre environnement. J'étais mis en correspondance ailleurs. Ce démarquage m'avait permis de m'évader du premier milieu. J'en étais content. Mais la mauvaise guigne me poursuivait.

J'ai accepté volontiers toutes sortes d'humiliations parce que je ne vois pas l'aujourd'hui mais un avenir en la présence de « Notre Père qui est aux cieux. » Il me faut vérifier s'il est mon beau-père ou un père responsable, s'il est trop occupé au ciel pour tolérer certains actes de vagabondage sur la terre.

J'apprendrai plus tard que, du lieu de sa demeure, il observe tous les habitants de la terre, mais il a l'œil sur ceux qui le craignent, sur ceux qui espèrent en sa bonté. Ps.33 :14,18

Alors j'ai compris que si tous les jeunes gens de mon âge pouvaient se permettre certaine liberté, quant à moi, je dois m'en abstenir parce qu'il m'observe de près.

En effet, dans cette famille, on vivait maigrement. Il leur était peu commun de nous servir des repas luxueux. Et voilà qu'on me servit à déjeuner du pain et une quantité abondante d'œufs frits. Mais depuis la veille, Dieu a secoué mon esprit en sorte que si je pouvais être pris au dépourvu, c'était différent pour lui. Mon intuition était alertée par le fait que j'étais le seul à être l'objet de ce privilège au détriment des « ayants-droits » de la maison.

J'ai ouvert le pain et c'était pour constater un fait indescriptible : Une matière verte qui n'était ni le poireau, ni le céleri ou le persil que je connais bien. Ingénument, je l'ai montrée à la dame. Elle en était réellement confuse.

Ai-je laissé la maison ? Jamais. En ai-je fait l'aveu à mes parents ? Au grand jamais. Je me croyais dans une école où ma graduation n'était pas pour demain. C'était **L'Ecole De La Vie Dure** à l'apprentissage de laquelle je devais m'assujettir chaque jour.

J'ai appris à souffrir en philosophe. En effet, à l'âge de seize ans, j'étais déjà un cuirassé d'endurance, de maitrise, de courage et d'autodétermination. J'ai appris à aimer tous les hommes, grands et petits sans les flatter, à les respecter tous, sans les craindre. Leur couleur, leur accent autoritaire et leur argent m'indiffèrent, car Dieu m'a appris que les vraies valeurs viennent d'en haut où Christ est assis à la droite du Père. Col.3 :1-2

Ainsi, la mort m'aborde bien souvent comme un hôte attendu, mais jusqu'ici elle ne m'a pas dérangé. Jésus était ma seule préoccupation.

« Vivre sans toi, dit le chant, ce n'est pas vivre. Je ne puis être où tu n'es pas. » CE. #87 SA. 305

Témoignage No. 4
Sur La Sellette à Cause De Jésus-Christ

Au début de juillet 1969, le Séminaire théologique Baptiste du Limbé m'a dépêché comme stagiaire dans l'Eglise Baptiste Emmanuel de Saint Raphael pour succéder au pasteur titulaire Marc Michel transféré. Là, j'ai lié connaissance avec le directeur de l'Ecole Primaire, le frère Damus Jean Baptiste, un homme de bien sur toute la ligne.

Voulant mesurer de mes yeux l'étendue du petit village, je lui ai demandé de m'accompagner. Ce qu'il a fait de bonne grâce. En un rien de temps, j'ai embrassé de mes regards toute la superficie du bourg. Saint Raphael était bâti surtout en long depuis Garde Canon jusqu'à Mélène.

Je n'ai pas tardé à faire la connaissance des notables : ces gens-là formaient un clan impénétrable et toutes leurs actions convergeaient sur leur seigneur, le « tout-puissant » Adherbal l'Hérisson.

La maison de madame Lebrun que j'ai louée entre les mains de son mandataire, le notaire Biou, a fait de moi le plus proche voisin de Moise Mombrun, le chef de la milice. C'était un homme bien éduqué, serviable au possible et avec qui j'entretenais de bonnes relations.

Un peu en face, habitait mon ami Serge Fayette qui m'a rendu service en acceptant de venir manger avec moi quelques fois.

Au cœur du village habitait le lieutenant Joseph Saint Hilaire qui, en consultant son arbre généalogique, a pu découvrir que je suis de loin son cousin. Inutile de vous dire que le frère Damus en était content, étant donné que par mon intermédiaire, il peut devenir le protégé d'un homme de la force.

Chemin faisant, j'ai rencontré la vieille Léonie, la mère de mon ami Arthur. Je l'ai invitée à venir me servir de mère dans le presbytère. Sans désemparer, elle est venue m'y trouver avec sa petite nièce Estimène. Voilà toute mon ambiance sur une langue de terre où vivent moins de deux mille habitants et où évoluent l'Eglise Catholique et cinq Eglises protestantes de différentes dénominations.

Me voilà à Garde Canon, au haut du bourg, dans une congrégation dont mes membres habitaient en grande majorité à la campagne.

Suivant mon statut d'étudiant-pasteur, je ne passe que le week-end avec mes ouailles pour être en classe le lundi matin. Ainsi je dois laisser Saint Raphael chaque dimanche après-midi en vue d'attraper la seule occasion favorable pour retourner au Cap-Haitien et regagner le Séminaire, les camions de transport en commun ne voyageant que tous les deux jours.

Entrons maintenant dans l'Eglise Emmanuel. L'Ecole Primaire, logée à l'intérieur de l'Eglise, soulève chez moi un levain d'indignation.

Il nous faut coûte que coûte bâtir une école, dis-je au directeur Damus, un peu incrédule.

Quant à la jeunesse, elle n'a pas de direction. Les parents avaient une mentalité batârde qui veut que les garçons aillent à l'école pour se *dégauchir* et retourner ensuite à la campagne pour cultiver la terre. Quant aux jeunes filles, leur vocation était limitée à enfanter dans le mariage paysan ou plaçage et à aller au marché vendre les produits des récoltes. Le mariage religieux était facultatif.

Dès le début de mon ministère, à temps partiel d'ailleurs, je devais célébrer six mariages de jeunes filles enceintes depuis plusieurs mois durant les vacances pastorales de mon prédécesseur.

Jeune étudiant, sans charisme aucun, j'ai déclaré péremptoirement du haut de la chaire que j'ai consenti à célébrer ces mariages dans leur condition actuelle, mais ils seront les derniers de ce genre. Notre but est de préserver la sainteté du mariage. Tromper ma bonne foi dans ce domaine entrainerait ma démission pure et simple.

Et depuis, j'organise une association de jeunesse en formant des ouvriers pour la diriger. J'impose aux parents d'envoyer leurs enfants au Cap-Haitien pour apprendre un métier manuel. Il leur suffit de choisir une profession pour que je les place en ville dans différents centres professionnels. Quant aux jeunes filles, nous leur ouvrons dans la communauté un Centre d'Economie Domestique conjointement avec une autre Eglise-sœur. J'ordonne aux parents d'y envoyer leurs jeunes filles. Le cas échéant, ils seront exclus de la Sainte Cène jusqu'à ce qu'ils obtempèrent.

Tout allait de bon train quand, le 25 septembre 1969, le directeur de l'Organisation Nationale D'Alphabétisation Communautaire (ONAAC) recherchait avec fièvre des locaux appropriés pour loger ses centres. C'est ainsi qu'il a envoyé auprès de moi deux jeunes filles pour solliciter mon Eglise comme siège d'établissement scolaire de l'Etat. J'ai refusé avec toute la courtoisie et le respect qu'on doit à quelqu'un qui vient vous demander gentiment un service patriotique.

L'instant d'après, un milicien est venu me faire la même demande. Ainsi, je dois plier de gré ou de force. Loin de là. J'ai refusé, mais cette fois-ci, avec froideur.

Se sentant rebuté dans son orgueil mâle et de chef civil, il est allé se plaindre auprès de son « patron » Adherbal l'Hérisson.

Piqué à fond dans ses nerfs, cet énergumène a convoqué sur l'heure une réunion au seuil de l'Eglise Emmanuel. En un rien de temps, les deux lieutenants de l'armée d'Haïti, Eustache et Joseph St Hilaire, le chef de la milice, monsieur Moise Mombrun et les sbires des Duvalier étaient massés devant l'enceinte à Garde Canon.

Après qu'il eut signifié les raisons de cette convocation, monsieur Adherbal a décidé par devers lui de m'éliminer.

Le lieutenant Saint Hilaire, voulant me défendre, tout en gardant l'anonymat, insinuait adroitement :
- Je ne crois pas que le pasteur puisse prendre la décision de vous passer l'Eglise. Il est encore un étudiant, et son ordination n'est pas pour aujourd'hui.
- Qu'importe, répliqua Adherbal, il n'aura qu'à en faire son rapport à la mission.

Tous ont signé de leur main mon acte de décès avant mon exécution, tous avec leur conscience noire ou embarrassée. Dès lors tous mes déplacements étaient surveillés. Le lieutenant Saint Hilaire ne pouvait entreprendre aucune démarche pour m'en prévenir ; autrement il aurait trahi la cause du gouvernement et mettrait du coup sa tête à prix.

Le lendemain samedi 26 septembre, à 6.30 du matin, monsieur Adherbal a dépêché un milicien auprès de moi pour m'inviter en jugement chez lui.

Dès la réception du message, la sœur Nini est venue me l'annoncer en tremblant. Elle commençait à suer de peur et d'angoisse car elle n'ignorait pas la triste renommée de cet homme qui avait tué par balles plusieurs personnes sur la piste de Rumba night-club au Cap-Haitien, au su et au vu de tous sans être inquiété. Ma mort ne serait qu'un fait divers.

A l'ouïe du nom d'Adherbal, j'ai déféré immédiatement à son invitation. Arrivé chez lui, j'ai averti ma présence à la barrière. Une soubrette est venue à ma rencontre :

- Mesye a poco leve. Wa tounen pita. (*Monsieur est encore au lit. Revenez plus tard.*)

    Je suis retourné chez moi mais vexé, parce que je n'avais nul désir de recommencer une vie sur terre. Le chant des martyrs me montait à la tête. Je me croyais déjà de leur nombre et que j'allais avoir le privilège de mourir pour mon Dieu.

    J'ai pris ma Bible et mon recueil de Chants d'Espérance et dans un accent d'une sainte colère, je me suis dit :

- Qu'ai-je à faire encore ici-bas ? Je vais demander à mon bourreau de me donner juste une minute pour chanter et prier avant mon exécution parce que j'aime mon recueil de Chants d'Espérance pour élever mon cœur vers Dieu et ma Bible l'arme invincible et invaincue.

Cela dit, je suis retourné chez Adherbal qui n'habitait guère trop loin de moi.

Sur la cour, j'ai vu mon gibet de potence où on devait m'attacher. La servante me fit signe d'entrer et de m'asseoir au salon. Les minutes étaient interminables. J'étais impatient à attendre cette audience. Pour tuer le temps, je n'écoutais que moi-même. Derrière la muraille chantait une rivière où d'ordinaire on savait jeter les cadavres des victimes. Rien ne m'effrayait. Je n'étais pas venu pour choisir entre capituler ou fuir mais pour glorifier le nom de Jésus par une mort glorieuse.

A huit heures précises, Adherbal apparut suivi des « macoutes » dans le visage desquels je pouvais lire ma sentence de mort. En face de moi, assis bien tranquille, impassible, l'homme de main d'Adherbal. Qui était-il? Un diacre de mon Eglise.

Sa mission serait de me battre jusqu'à ce que mort s'ensuive. Il était un milicien engagé, un homme très ferme, au visage toujours renfrogné. Il était de la trempe de ces gens qui sont nés pour être craints. Cependant il me respectait.

Chaque premier samedi du mois, Il venait en civil dans ma classe de prédicateur. Mais un beau jour, après la parade du 22 septembre, il est venu chez moi dans l'uniforme bleu de milicien.
Je ne savais ce qui me prenait par la tête : l'accueil que je lui ai fait ainsi qu'à son confrère milicien du même régiment, était de nature à tarir la source de toute conversation. Il l'a compris aussi et s'est retiré confus comme un chien à qui on a coupé les oreilles.

Le jour est arrivé où il va siroter sa vengeance. Me voilà aujourd'hui entre ses mains. Il va me faire payer très cher mon impertinence. Il n'attendait donc qu'un signal de son patron pour décharger toute son énergie sur l'épine dorsale du pasteur-étudiant.

Et maintenant, la séance est ouverte. Mr Adherbal va me passer par l'interrogatoire comme un chat qui joue avec une souris avant de lui appliquer le coup de grâce.
- Pasteur, il est parvenu à mes oreilles un bruit auquel je ne puis nullement croire. Vous avez, dit-on, refusé de loger une école communautaire dans votre Eglise parce que la requête est faite au nom du gouvernement.
- C'est exact. Pourquoi ne prenez-vous pas l'Eglise Catholique ?
- C'est au cœur du village.
- Eh bien, prenez l'Eglise Indépendante.
- C'est encore au cœur du village, pasteur
- Et que dire de l'école des sœurs ?
- Encore, c'est un peu trop près, pasteur.
- Puisqu'il en est ainsi, je peux seulement vous dresser une tente sur la cour de l'Eglise.
- Dans un ton de magister dixit, il reprit lentement, mais fermement :
- Pasteur, laissez-moi vous dire bien : En Haïti, personne n'est propriétaire. Si le chef de la nation veut avoir quelque chose, nul n'est en droit de le lui refuser.
- En d'autres termes, le désir du chef fait loi ? Répliquai-je
- Bien, je vois que vous comprenez maintenant.
- Monsieur l'Hérisson, vous et moi, nous dépendons d'un chef. Pour peu que nous soyons honnêtes, nous ne pouvons rien faire sans leur autorisation. Voilà pourquoi, je ne peux satisfaire à votre demande.

- Vous ne connaissez même pas la doctrine (des Duvalier), poursuivit-il. La mission ne subira aucun dommage. Nous allons prendre l'Eglise de force. Quant à vous, nous viendrons vous enlever au milieu de la nuit.
- Mais quel droit a-t-il de refuser de livrer l'Eglise pour loger l'école du gouvernement ? Renchérit un «macoute», d'une voix tonitruante.

En attendant gronder l'orage, notre diacre se redressa sur son séant ; car la pluie va tomber et ce seront des gifles sonores qu'il va appliquer sur le visage du pasteur-étudiant avant son exécution par la bastonnade.
- Nous prendrons l'Eglise de force, reprit Adherbal et vous, vous serez pris cette nuit même.

Après avoir ainsi parlé, il me parait que les cartouches meurtrières de leurs paroles amères étaient épuisées.

Adherbal m'a congédié.
Dans l'après-midi, je me suis rendu à l'Eglise pour la répétition de la chorale. En route, j'ai rencontré un certain Antoine Buteau, originaire d'Aquin. Il m'a dit :
- Pasteur, je suis au courant de votre situation. Administrativement, vous devez adresser un rapport à votre mission pour l'en informer, dussiez-vous l'apporter vous-même.
- Merci mon cher Buteau. Je le ferai sans tarder.

En traversant la place publique, les yeux des notables étaient braqués sur moi. Ils me fusillaient de leurs regards réprobateurs et n'ont pas du tout caché

leur ressentiment. Ils me taxaient d'antipatriote et d'intransigeant pour avoir refusé de loger une Ecole du gouvernement dans mon Eglise. Immédiatement le verset de Moise fit surface :
« L'Eternel combattra pour vous et vous, gardez le sang-froid. » Ex.14 :14

Quant aux autres diacres de l'Eglise, ils déplorèrent le fait que le pasteur ait des problèmes. Et pourtant il m'aurait suffi de livrer le sanctuaire pour que le problème fût éliminé.

Mais il y a une question d'éthique qui serait violée. On doit obéir aux autorités établies car leur pouvoir émane de Dieu. Cependant, quand il s'agit de choisir entre cette autorité et celle de Dieu, la désobéissance civile prévaut. Je préfère dire avec Pierre « Il faut obéir à Dieu plutôt qu'aux hommes. » Ac.5 : 29

L'Eglise, c'est la maison de Dieu et non celle de l'Etat. Je suis d'abord citoyen de la cité céleste avant de l'être d'aucun gouvernement. Avec ou sans élection, tout gouvernement doit céder. Celui de Jésus ne connait pas d'élection. Il demeure éternellement. Et c'est dans son gouvernement que je suis nommé « ambassadeur ». 2Co.5 :20

Cette nuit-là, j'étais vraiment vexé de me voir retourné en vie au milieu de la jungle humaine. Puisque cette engeance m'avait dit à deux fois que ses hommes viendront se saisir de moi au cours de la nuit, j'ai eu soin de respecter leur rendez-vous ; cependant, je n'ai pas dormi dans la maison ; ils viendront me prendre au dehors.

Je me suis couché à la belle étoile devant ma porte qui donne sur la façade Est de la voie publique.

J'ai rabattu un drap sur ma tête pour me protéger contre la rosée du soir.

Cette ultime précaution était prise tout simplement pour que dans leur vacarme, ils ne réveillent pas la sœur Nini déjà gagnée par l'émotion. Un sommeil d'enfant m'envahissait. Au matin, le soleil me donnait dans les yeux pour m'avertir qu'il fait jour.

J'étais loin de penser à un enlèvement. Je me suis rendu à l'Eglise avec le même zèle comme si de rien n'était. Devinez qui était venu adorer à notre service : La femme d'Adherbal !
A ce moment-là, j'ai vidé tout mon écheveau : tout ce que je n'avais pas eu la chance de dire à son mari la veille, je les ai débités avec l'énergie et le courage d'un David devant le géant Goliath, sans tremblement et sans peur. Il me faut une cause pour mourir justement.

Après le service, je fis route pour le Cap-Haïtien muni de la lettre confectionnée suivant le sage conseil de Buteau. Elle était très brève.

«*Révérend pasteur C.S. Kelly*

« *L'Eglise est en difficulté à Saint Raphael. Ma vie tient à un fil. Mais s'il faut ma mort pour la rédemption de l'œuvre, que la volonté de Dieu soit faite* ».

Renaut Pierre-Louis

Arrivé au Cap-Haitien, je me suis rendu sans désemparer au Carénage, chez pasteur C.S Kelly, à la fois mon pasteur et missionnaire général. Je lui ai tendu ma lettre.

Après une simple lecture, il me dit qu'il n'en est pas le vrai destinataire. Je dois me référer plutôt aux membres de la Convention Baptiste d'Haïti.

J'allais tomber de tout mon haut quand je croyais être en face de mon père spirituel dont le devoir à ce moment-là serait de m'aider moralement à surmonter les vagues qui tentent de submerger ma vie en détresse.

Dieu soit loué ! Je viens d'apprendre que dans les cas de vie et de mort, un seul est capable de délivrer. Alors je lève les yeux vers les montagnes, pour chercher du secours. Il me vient de l'Eternel qui a fait le ciel, la terre, l'adversité et la délivrance. Ps .121 :1 paraphrasé.

Le lendemain j'ai rencontré les membres du Bureau de la Convention qui, par un heureux hasard, étaient tous à l'aviation du Cap-Haitien. Je leur ai tendu ma petite lettre que j'ai supportée avec le récit de mes aventures. Ils l'ont lue et après commentaires, ils promettaient de donner suite à cette affaire.

Mais quand ils ont compris le risque à prendre en se reposant sur un ministre des Cultes à autorité branlante, ils n'ont pas bougé de leur zone de confort. Par bonheur j'ai confié mon problème à la sœur Thomas Jules. Celle-ci m'a dit avec le calme d'une mère tendre et bonne :

- La victoire est seulement sur tes deux genoux.

Son conseil m'a tranquillisé.

Dès mon retour à Saint Raphael le mardi suivant, la sœur Nini m'a appris qu'on avait pris l'Eglise de force. Les miliciens armés de fusils et de bâtons allaient enfoncer la grande porte quand elle

s'est empressée de l'ouvrir pour éviter des dommages. Elle s'est opposée à eux quand ils voulaient utiliser la plateforme de la chaire pour aménager l'une des classes.
- Non, messieurs, c'est un lieu sacré pour le pasteur ; il vaudrait mieux vous mettre au fond de l'Eglise.

Heureusement, ils ne se firent pas prier. Je me suis rendu donc à l'Eglise pour en faire le constat. Là, j'ai pleuré comme un enfant gâté.
- Seigneur, pourquoi as-tu permis tout cela ? Qu'est-ce que tu as fait pour ton grand nom ?

Il n'a pas tardé à me répondre. En quelques secondes, l'orage a grondé d'un bout à l'autre de St Raphael. Immédiatement, une pluie torrentielle a inondé le village. Et depuis, nos pauvres campagnards ne viennent plus à l'école qui reste pour jamais fermée faute d'élèves. Ainsi, l'école a fonctionné seulement pendant vingt-quatre heures.

Après cela, j'ai rencontré sur la rue le directeur de l'ONAAC. Aussitôt, il cacha son visage derrière un gros ouvrage « Les Mémoires Du Tiers-Monde. »
Gloire à Dieu ! Mon témoignage n'était pas caché ! Je me suis approché de lui pour le saluer. Il m'a répondu sans aménité. Que m'importe ? Jésus était glorifié.
Qu'ils restent tous avec leur visage balafré de honte tandis que je porte en moi le trophée de la justice et de la victoire. Christ est venu par mon triomphe ajouter à sa gloire.

L'histoire ne reste pas là. J'ai été à l'Ambassade Américaine de Port-au-Prince pour emprunter un générateur et un appareil de cinéma. Après une demi-heure d'attente, ils étaient en ma

possession. Quand je leur ai demandé des films, ils m'ont référé à l'Alliance Française. Effectivement, j'y étais. On m'a prêté des rouleaux de plusieurs pièces classiques au long métrage parmi lesquelles : Les Femmes Savantes de Molière, Andromaque, Harpagon, le Cid, Esther et Les Précieuses Ridicules.
Tout était essayé avec succès avant de laisser Port-au-Prince. Mais arrivé à Saint Raphael, la projection était impossible. J'ai jeté tout le blâme sur le générateur, convaincu qu'il était trop faible pour assurer la projection.

Voyant ma déconfiture, un voisin m'a conseillé de rechercher de l'aide auprès d'Adherbal, étant le seul à St-Raphael qui dispose des moyens pour dépanner l'appareil. Faisant contre mauvaise fortune bon cœur, j'ai sollicité l'expertise de son mécanicien. Il est venu lui-même avec le bonhomme et sa première question était celle-ci :

- Où avez-vous trouvé ces appareils ?
- De l'Ambassade Américaine et de l'Alliance Française, lui dis-je
- Vraiment ? Vous êtes un homme de haute relation !

J'ai gardé mon mutisme.

Plus tard, j'arrivai à comprendre que le but du Seigneur n'était pas pour moi d'étendre l'éducation à ce niveau à Saint Raphael, mais de persuader cet homme que j'étais utile au gouvernement de mon pays dans un aspect tout-à-fait différent du sien. Dès lors, il me montre du respect et même de l'admiration. Quand il vient bâtir une boulangerie juste à côté de ma maison, j'ai levé les yeux vers le ciel, une façon pour dire au Seigneur :

- Qu'est-ce qui vous prend pour me donner cet homme comme voisin ?

J'ai compris enfin que Jésus ne craint pas le diable car Il dresse devant moi une table en face de mes adversaires et d'ailleurs il a pour mission de détruire les œuvres du Diable. Ps.23 : 5 ; 1Jn.3 :8
Tant que le méchant n'est pas pour nous une menace, Jésus ne bouge pas de sa place. Tandis que nous nous reposons à l'ombre du Tout-Puissant, l'épée de Jésus ne chôme pas. A la fin de la bataille, il nous réveillera pour nous inviter à voir les ravages qu'il a opérés jusqu'au bout de la terre. Si vous n'êtes pas encore certain de l'issue du combat, sachez que Jésus n'a pas encore dit le dernier mot. C'est lui qui doit faire cesser les combats jusqu'au bout de la terre et qui seul a droit d'en parapher le dernier épisode en disant :
- Arrêtez et sachez que je suis Dieu… Ps.46: 11

J'apprendrai un jour, tandis que j'étais à West Palm Beach, que les funérailles d'Adherbal l'Hérisson étaient chantées en février 1992 à Miami. Un enfant de Tony Piquion y était expressément pour cracher sur son cercueil, au nom de son père qu'il avait criblé de balles à Rumba Night-Club.
C'était là l'épilogue d'une vie qui semait la terreur.
Ps. 10:18b

Ainsi, si je rends témoignage pour Dieu aujourd'hui, ce n'est pas pour moi un sujet de gloire, mais parce que la nécessité m'en est imposée. Et malheur à moi si je ne le fais pas ! 1Co.9 :16 interprété.

Intérieur de l'Eglise évangélique
Baptiste Redford, année 1980

Evacuation après le service d'adoration

Témoignage No. 5
Tentative d'Assassinat Manquée

Une semaine avant le 7 février 1986, à la faveur de la tension politique qui montait en spirale pour forcer les Duvalier à plier bagage, des agitateurs et des ambitieux œuvraient dans l'ombre pour régler des comptes personnels.

Qui aurait cru qu'un ministère rectiligne et austère émané de la puissance de Dieu, aurait pu me causer des ennuis ? Et pourtant mon nom figurait sur la liste noire d'un certain G. J. et de son beau-père GG pour un malentendu au sein de l'assemblée de Redford.

Qu'en était-il?
Un beau dimanche matin, la concubine de G.J. est venue présenter son enfant au Temple. Nos règlements internes stipulent quelque part :
a. Que pour toute présentation d'enfant au Temple du Seigneur, l'acte de naissance doit être enregistré au moins une semaine à l'avance au secrétariat de l'Eglise.
b. Que l'enfant légitime doit être amené uniquement par ses père et mère.
c. Que l'enfant adultérin, ou né d'une union libre doit être présenté au presbytère en un jour convenu entre le pasteur et les parents concernés.
Aux parents dont le cas tombe dans l'alinéa c, une seule chance est accordée pour éviter la perpétuation dans un état d'immoralité dégradante pour la femme et pour la société.

L'enfant de G.J. s'est achoppé aux alinéas a et c de ces règlements :
D'abord, son acte de naissance n'est pas enregistré au secrétariat de l'Eglise, ensuite l'enfant est issu des liens adultérins de ses parents. Il ne peut, en aucune façon, être offert au Seigneur comme une offrande d'adoration. Les parents devraient consentir à une présentation qui ne serait pas réalisée à l'Eglise, purement et simplement.
Au jour de la présentation, j'ai offert au Seigneur tous les enfants sauf celui de G.J. A cette nouvelle, il était très fâché et de concert avec son beau-père, il a décidé de me tuer.

Quelle imprudence ! Quel écart de conduite ! Quel mépris pour l'autorité de l'Eglise qui a droit de lier et de délier à l'absolu avec la ratification du ciel ? Mt.16 :18

Dans une nuit pas comme les autres, le Seigneur m'avertit que G.J. viendra avec son beau-père pour m'arrêter. Je ne les connaissais ni de visage ni de nom d'ailleurs. Mais le Seigneur connaît et leur nom et leur intention. Et comme il ne fait rien sans avoir révélé son secret à ses serviteurs les prophètes, il ne m'a pas laissé dans l'ignorance des menées de ces mécontents. Amos.3: 7
En effet , j'ai vu en songe G.J. qui me dit :
- Je viens vous arrêter.
- M'arrêter ? Lui dis-je. Vous croyez- vous de taille à me déplacer ? N'avez-vous jamais eu des renseignements sur mon poids, un poids que vous ne pourrez bouger ?

A mon réveil, j'ai fait appeler le gérant de l'Eglise et je lui dis :
- Frère Sonn, aujourd'hui vous n'allez pas sortir du campus pour quelle que soit la raison. Deux personnes viendront me visiter, je ne sais pas à quelle heure. Sitôt leur arrivée, veuillez m'en avertir.

A onze heures du matin, un homme vêtu d'une chemise blanche et d'un pantalon kaki, est venu sur la cour, puis il est reparti à l'instant. C'était GG.
J'ai appelé le gérant pour qu'il m'en fasse la description. Frère Sonn ne savait comment le décrire.
- Ça va frère Sonn. Un autre va venir. Cette fois-ci, soyez plus vigilant.

Vers les deux heures de l'après-midi, un feu nourri échauffait la zone de la Barrière-bouteille interceptant les piétons qui voudraient utiliser ce passage.
La façade Est de mon bureau domine cette zone. Celle de l'Ouest couvre tout le panorama du morne Bel-Air et la Cité Sainte Philomène. J'y étais aux aguets quand un homme armé d'un fusil gravissait les quarante-cinq marches qui débouchent sur Redford. C'était G.J. Est-il essoufflé ? Je ne sais. Le temps pour lui d'épauler son fusil, j'ouvris la porte de mon bureau et avec la force d'une bourrasque, je suis allé à sa rencontre. Je ne lui ai pas donné le temps de parler ou d'agir. Je l'ai regardé droit dans les yeux et lui dis à brûle-pourpoint :
- Qu'êtes-vous venu faire ici sur notre cour ?

Désarçonné dans son esprit, il répondit :
- J'ai entendu des coups de feu. Je croyais que c'était à l'Eglise.

Ne sachant comment s'y prendre pour se retirer, il est reparti confus et discret.

Trois jours après, la maison de G.J. était mise à sac, puis brulée ainsi que sa motocyclette.
Un passant de la foule laissa échapper cet aveu :
- Voilà le sort de celui qui allait tuer le pasteur Renaut.

Un autre en courant a jeté la même parole. J'étais intrigué. Mais voilà qu'une troisième vient avec le même aveu. Celle-là, je la connais. C'était Claudette Estimable. Quand j'étais président de l'association de la Jeunesse de l'Eglise Baptiste de la rue 14-K, elle y était très active.

Comme cette affaire de tuer est devenue une chanson à mes oreilles, avant d'en arriver au refrain, je l'ai abordée.
- Dis-moi, Claudette, est-il vrai que cet homme avait voulu m'assassiner ?
- Quoi ? Etes-vous le seul à ignorer que cet homme allait vous tuer ? En vérité, je m'étonne !

Elle était restée stupéfaite. Il était cinq heures de l'après-midi.

Là, sur la rue, le Seigneur m'a dit :
- Va immédiatement chez le maestro de la grande chorale de Redford et chez ton assistant pasteur.

En quelques minutes, j'ai frappé à la porte du maestro.
- Mon très cher frère, lui dis-je d'un ton bénin, savez-vous que G.J. avait juré de me tuer ?
- Oui, pasteur, j'ai eu vent de ce projet d'assassinat.
- Sidéré, j'ai gardé un silence de philosophe et je me suis retiré en donnant le change.

L'instant d'après, j'étais chez mon pasteur-assistant. Il n'était pas chez lui ce jour-là. Sa belle-mère et sa belle-sœur m'ont appris qu'il est à Miami pour quelques jours. Comme elles étaient de mes amies, j'ai amorcé la conversation sur le coup manqué de G.J.

Cette belle-mère a confirmé le fait en présence de témoins :
- Oui, depuis deux mois, G.J, supporté par son beau-père GG, avait juré de loger deux balles dans votre estomac pour avoir refusé de présenter son enfant au temple.

Je n'en fis aucun commentaire et pour laisser à l'assistance l'impression qu'il s'agissait là d'un fait divers, je suis passé sans transition à d'autres sujets.
Toute arme forgée contre moi reste sans effet.
Es.54: 17

Témoignage No. 6
Complot Meurtrier Des Communistes Bourgeois Du Cap-Haitien

Avant de vous présenter ce témoignage, il m'est indispensable d'éclairer vos lanternes sur le vécu sociopolitique de la période 1985-1990.
Lorsque l'ambassadeur d'Haïti aux Nations Unis était interrogé sur la question du pluralisme politique, il avait déclaré que le chef de l'Etat Haïtien n'a aucune objection pour accepter cette option au cours de sa présidence. Depuis lors, des partis politiques de toutes tendances germent à la cour de Port-au-Prince. On voit apparaitre des mouvements de gauche, des mouvements de droite et des mouvements centristes pour discuter la part du lion dans l'échiquier politique.

C'est à ce moment qu'apparait ce mouvement de gauche appelé «Ti-Legliz.» supporté par l'Eglise Catholique et dont la Jeunesse est devenue l'arme du bouleversement.

Il se manifeste par une infiltration du communisme dans tous les domaines de l'activité sociale, militaire, politique et religieuse. Les petits prêtres se soulèvent contre les évêques, les soldats contre leurs chefs hiérarchiques, les pasteurs obscurs contre les pasteurs renommés, les marchands détaillants contre les grands commerçants, les pauvres contre les riches. Aucun respect pour les notables et pour les institutions.

Avec cet état d'esprit, les assassins n'étaient justiciables d'aucun tribunal. Chacun se faisait justice. C'est à croire qu'on était à « l'Abbaye de Thélème ». Et tout se résume dans leur slogan «Yon sèl nou fèb, ansanm nou fò, ansanm ansanm nou se lavalas.» «Seul on est faible, mis ensemble on devient fort, tous mis ensemble on peut causer un déluge».

C'était à la faveur de cette atmosphère sombre que des gens de renom ont ourdi un complot pour m'ôter la vie.

Nous sommes maintenant au mois de juillet 1987. Des principautés de la ville du Cap-Haïtien parmi lesquelles des hommes d'affaires, des médecins, des pharmaciens, des agronomes et des pasteurs, tous de gauche, se réunissaient pour préparer mon holocauste.

La séance, une fois ouverte, on questionnait les motifs de cet assassinat prémédité.

L'un avançait béatement :
- Il possède une jeep Pajero. Elle devrait appartenir au peuple.

Mais un autre répliqua.
- Non. La raison n'est pas valable. Personnellement, j'ai connu son père dans ses moments de prospérité. C'était un rude travailleur qui a fait fortune avec son courage et sa sueur mais jamais par un enrichissement illicite dans les relations avec aucun gouvernement.

Aux fins des discussions, quelqu'un a sollicité la parole: C'était *mon assistant-pasteur.*
- Je demande une chance pour le pasteur Mariot.

C'est à ce moment que l'agronome H. a rétorqué :
- Pourquoi voulez-vous épargner pasteur Mariot? C'est votre ami, alors ? A mon tour

maintenant de solliciter une grâce pour pasteur Renaut, car nous n'avons rien contre lui.
- A la vérité, reprit-il, il n'est pas mon ami. J'aurais pu lui tenir rigueur parce que dans « ses vieux messages », il interdit des liaisons entre les chrétiens et les mondains. Voilà comment une de ses ouailles a rompu les liens d'amour avec moi. Mais comme j'ai d'autres amantes, je n'en ai pas fait un drame.

Finalement, mon exécution était décidée pour 11.30 pm

Cependant les murs ont des oreilles. Un homme qui m'a reconnu pour être son bienfaiteur, avait intercepté cette conversation. Il s'est éclipsé discrètement en vue d'alerter mon frère Emmanuel et l'inviter à intervenir pour sauver ma vie.
- Mon cher Mano, je ne pouvais venir frapper à votre porte pour ne pas être vu. J'ai escaladé la muraille par une échelle pour descendre dans votre cour et vous faire un aveu qui pourrait me coûter la vie.
- De quoi s'agit-il ? dit Mano, interloqué.
- De votre frère. Pasteur Renaut sera tué ce soir à 11.30. Les assassins sont déjà postés autour de son école et ils n'attendent que le signal soit donné pour accomplir leur forfait.
- Mon cher ami, je vous remercie pour votre confidence. Mais, comme vous êtes à moto, amenez-moi chez lui maintenant pour lui prêter main forte, car il est déjà 10.20 pm

- Non, lui dit-il. Si on arrive à me découvrir, je serai tué avant le pasteur.

A 10.40 pm Mano est venu chez moi armé de deux machettes et m'a mis au courant du danger qui me menaçait. Ma femme en émoi, me demandait d'alerter le colonel.
- Cette affaire ne regarde pas le colonel, mais plutôt sa majesté le Seigneur Jésus. C'est lui le commandant du peloton céleste.

Comme j'avais logé deux missionnaires Francis et Lissa dans une autre maison en contre-bas de Redford, je suis descendu pour aller les chercher et les accueillir au presbytère.
En route, j'ai vu les assassins postés au flanc de la muraille de notre Ecole professionnelle. Deux d'entre eux étaient de ma connaissance, des jeunes garçons pleins d'avenir convertis en suppôts des malfaiteurs.

L'instant d'après, je suis remonté avec les missionnaires. Ma femme leur a préparé une couchette d'occasion. Je les ai enjoints d'aller se coucher, mais elles ne voulaient pas. L'une d'elle s'adressa à mon frère :
- Do you know karate? (Etes-vous karateka?)
- Non répondit mon frère.
- O my God, I' m not ready to die, dit-elle en pleurant. (O mon Dieu, je ne suis pas disposée à mourir)

Quant à moi, après avoir prié avec toute la famille, je suis monté sur le toit du presbytère pour prier tout seul, comme je savais le faire auparavant.

Il était déjà minuit. J'y ai passé la nuit en compagnie de mon Dieu.

Le lendemain, je suis allé à une pharmacie de la ville pour satisfaire une prescription. Le pharmacien m'aborda en ces termes :
- J'ai été à la réunion, mais tout a fini en queue de poisson. Quand vous aurez besoin de renfort, appelez-moi.

Quelques heures après, un des hommes d'affaires, membre du Rotary Club, m'a rencontré et m'a dit :
- Les assassins ont remis le rapport suivant : « Nous étions sur les lieux pour le tuer, mais il n'a pas dormi dans le presbytère. »

Si vous voulez bien comprendre la stratégie de Dieu : Il les avait permis de me voir quand je suis descendu chercher les missionnaires, mais il les a aveuglés quand j'en suis remonté.

C'était un peu ce qui était arrivé à Daniel avec ses accusateurs. Ils ont pu entendre Daniel prier son Dieu et sont allés le rapporter au roi Darius ; mais ils n'avaient pas eu le temps d'intercepter la réponse de Dieu à Daniel. Il lui aurait dit :
- « Daniel, j'ai suivi toutes les conversations et toutes les menées de vos ennemis. J'ai reçu votre message ; mais comme les lions vous attendent dans la fosse pour vous dévorer, j'endosse maintenant mon costume de LION DE LA TRIBU DE JUDA. Vous comprenez ? A tout à l'heure. »

Celui qui demeure sous l'abri du Très-Haut, repose à l'ombre du Tout-Puissant. Ps.91 :1

Mais l'histoire ne finit pas là.

Témoignage No. 7
Assassinat Par Lapidation

Nous sommes encore au Cap-Haitien, le vendredi 14 août 1987. Il était cinq heures de l'après-midi. Hérard Désir mon tailleur, était surmené par le surcroit d'ouvrages à remettre. Je le tenais occupé à achever mon costume que je devais porter le lendemain au mariage de Jean Paul Calixte et de Joëlle Brisson à Miami. Voyant qu'il se faisait tard, il me donna sa parole qu'il ira chez lui, à Charrier pour l'achever. Ainsi comme j'habite à Sainte Philomène, à deux kilomètres de distance de chez lui, je n'aurais qu'à aller le chercher vers les huit heures du soir.
Il était 7.30 pm quand je me suis décidé à me rendre chez lui.
- Chéri, dit ma femme, permets-moi de t'accompagner.
- Volontiers, lui dis-je.

A peine ai-je atteint la route nationale No. 1 qu'une pierre était lancée contre les vitres de ma Mitsubishi. Par bonheur, elle s'est heurtée contre le parechoc arrière sans faire de dommage.
   A notre retour de chez Hérard, la ville était déjà investie par les communistes habillés en maillots rouge parce que leur représentant était entré et qu'il allait se prononcer quelque part en ville. En un rien de temps toutes les voitures étaient ciblées par les suppôts du prêtre, l'incarnation de l'avenir de la jeunesse et du bonheur de la masse populaire. Des tirs

nourris à l'entrée de Barrière Bouteille nous disent assez que notre retour chez nous était compromis.

Quand je devais laisser Charrier, j'ai dit à ma femme :
- Cath, apprête- toi à la bagarre. Tiens ferme la barre transversale à l'intérieur de la pajero, car la vitesse que je vais atteindre à l'approche de ma maison sera telle que je ne m'arrêterai pour qui que ce soit et pour quoi que ce soit.

A l'approche de Sainte Philomène, on m'a lancé une pierre qui aurait pu briser la vitre de devant et nous blesser. J'ai freiné d'abord à fond, puis j'ai relâché la pédale. La pierre a roulé sous le véhicule qui repart comme un cheval alezan de pur-sang. Dieu nous a épargnés.
Une demi-heure après, le pasteur O.E. est venu nous faire le récit de sa mésaventure.
- Mon cher Renaut, j'étais en ville quand je fus assailli par des bandits. Ils ont brisé toutes les vitres de ma jeep et m'ont laissé couvert de débris et de blessures.

Immédiatement ma femme a pris en main son rôle de secouriste pour lui appliquer des pansements.
- Nous avions eu notre compte aussi, lui dis-je. Dieu soit loué. Nous en sommes sortis indemnes.
  Quand bien même, l'Eternel des armées est avec nous. Le Dieu de Jacob est pour nous une haute retraite. Ps.46: 12

Témoignage No. 8
Assassinat Avorté

Le lendemain je me suis rendu à l'aéroport de Port au Prince pour prendre l'avion en direction de Miami. Je suis arrivé à temps à l'Eglise Baptiste Hallapathath pour assister au mariage de nos amis Jean-Paul Calixte et Joëlle Brisson. Après les attentions d'usage aux mariés, je m'orientais vers la sortie quand mes yeux tombaient sur *mon pasteur-assistant*. Prompt comme l'éclair, j'étais déjà tout près de lui quand Dr Jocelyn Dortélus, surpris de ma présence sur les lieux, m'intercepta avec une conversation assez courtoise. Je l'ai interrompu :
- Doc, nous aurons le temps de parler. Maintenant, je dois rencontrer mon *pasteur-assistant* pour des raisons que vous connaissez.
- Allez–y, me dit-il. A bientôt.

Mais où est *mon pasteur-assistant* ? Il a disparu.
Toute la nuit, je n'ai pas dormi tant j'étais obsédé par le désir de lui parler à visière levée. Par bonheur, la solution m'est venue avant que mon cerveau s'en fût épuisé :
Un membre de l'Eglise Redford avec qui j'ai tissé des liens d'amitié assez profonds, est par pure coïncidence, le frère par alliance de *mon pasteur-assistant*. Ils s'étaient mariés à deux sœurs.
Après avoir adoré ensemble dans son assemblée, je lui ai demandé de m'amener chez *mon pasteur* dans sa résidence à Miami. J'avais grand-faim de le rencontrer. Je pouvais dire ici : « mon dîner était

servi ». Mais je dois vous avouer d'avance que le mets sera bien salé.
- A vous, *pasteur*, deux mots :

Assis dans son salon, je lui ai dit en martelant chaque mot :
- Savez-vous que je pars demain pour Haïti ? Cependant, vous connaissez mon adresse ici et mon numéro de téléphone. Ce que vous n'aviez pu faire en Haïti, profitez de l'occasion pour le faire avant mon départ. Voici ma bourse, pleine d'embonpoint. Tenez-la. Puisez-en à générosité pour payer n'importe qui et me tuer. N'hésitez-en rien car c'est moi qui paie. Dites-moi franchement : Qu'est-ce que vous avez à me reprocher ?
- Moi, dit-il ? Je n'ai rien contre vous. Je le dis devant vous et devant le Saint Esprit.
- Prenez garde de citer le Saint Esprit de peur de prendre le nom de Dieu en vain !
- Pourquoi, continuai-je, avez-vous été dans une réunion au Cap-Haitien, et dans la chaleur des discussions pour décider de mon sort, vous avez demandé grâce pour pasteur Mariot en me refusant la même faveur ?
- Une réunion ? Où ça ?

Je lui ai dit l'endroit.
- C'est parce que nous ne sommes pas dans le même milieu social, confessa-t-il.
- Ne jonglez pas avec les termes, lui-dis-je. Vous êtes à la fois l'instructeur à l'Ecole du Dimanche et le président de l'Association de la Jeunesse de Redford ; autant dire que vous

avez toute l'Eglise entre vos mains. Comment osez-vous me dire que nous ne sommes pas dans le même milieu social ?
- Pasteur Renaut, je vous aurais conseillé de parler avec les jeunes.
- Ce n'est pas à vous, dis-je, de me donner ce conseil. Je vous croyais capable de plus de courage. Au revoir.

Il n'y a rien de secret qui ne doive être découvert.
Mt. 10:26

Les yeux de l'Eternel sont en tout lieu observant les méchants et les bons. Pr.15 :3

Il ne sommeille ni ne dort celui qui garde Israël.
Ps. 121: 4

Témoignage No. 9
Assassinat Déjoué

« Le rouleau compresseur » de la ville du Cap part de la rue 11-P (Petite Guinée) en deux bandes soldées par des gens qui sèment la terreur. J'étais alors en ville en vue d'acheter des accessoires électriques pour notre Ecole Professionnelle ESVOTEC. (El-Shaddai Vocational and Technical Center).
A mon retour, j'étais abordé par la sœur Arnold Bernadin qui me lâcha à brule-pourpoint cette question non moins acidulée :
- Pasteur, les groupes sont-ils déjà arrivés ?

Dans mon ignorance de toute conspiration, je lui demandais :
- De quels groupes voulez-vous parler ?
- Des groupes qui doivent être ici à deux heures pour vous « déchouquer. »

A ce moment, je m'adressais de vive voix au Seigneur:
- Seigneur, je ne vais même pas prier pour cet attentat à ma personne, car on n'en veut pas à Renaut Pierre-Louis mais à ton serviteur. Tu es donc demandé d'urgence pour régler cette affaire qui te regarde.

Cette nouvelle n'était pas de nature à conserver le calme chez ma femme et dans l'angoisse qu'on peut imaginer, elle me pressa d'avertir le colonel.
- Encore une fois, ce n'est pas l'affaire du colonel, répliquai-je. C'est l'affaire de mon boss. Qu'il s'en charge. Je dois savoir

aujourd'hui quelle est la distance du ciel à la terre et comment Jésus s'y prend pour régler ses affaires.
- Appelez au moins le préfet !
- Le préfet ? Dis-je. Ne voyez-vous pas Jésus debout tout près de nous ?

La journée s'était écoulée sans incident de mon côté. Cependant mes adversaires avaient de la besogne. Ils étaient préoccupés à se faire raccommoder de leurs blessures et à penser à une date incertaine pour toucher le reliquat sur mon assassinat payé à l'avance.

Que s'est-il passé?
Vers midi, deux bandes ont laissé le Collège Notre Dame pour se rendre à Redford. Elles étaient armées de bâtons, de piques, de stylets, de poignards, et de toutes autres armes contondantes et perçantes pour accomplir leur affreuse besogne. Arrivé à la Rue 8 Espagnole, le chef de la bande numéro un, dans son souci de savoir combien on a payé à l'autre faction, s'adressa ainsi au chef de la bande numéro deux :
- Combien vous a-t-on payé pour éliminer le pasteur ?

Il dit son montant.
- Et vous, répliqua l'autre, combien vous a-t-on donné pour ce travail ?

Il lui dit aussi son montant.
Comprenant qu'il avait été mal rémunéré, le premier chef de bande répliqua avec les joues gonflées par la jalousie.

- Qui êtes-vous pour recevoir tant d'argent pour «déchouquer» le pasteur?
- Et vous aussi, enchaina l'autre, qui êtes-vous pour en recevoir autant ?

Au milieu des éclairs fulgurants d'invectives de part et d'autre, les deux leaders en venaient aux mains. C'était tacitement un signal pour les deux bandes qui se livraient corps à corps dans une bataille acharnée.

Les stylets, les poignards, les machettes s'entrecroisaient avec une telle rapidité que des deux côtés, on en sortait avec de graves blessures. Le temps de penser au pasteur de Redford était déjà loin d'eux. Préoccupés maintenant à sauver leur peau, tous se sont rendus à l'hôpital Justinien du Cap pour se faire raccommoder.

En ce temps-là, la bonne volonté d'un staff compétent ne s'harmonisait pas avec l'équipement médical nécessaire. Les accessoires de secours manquaient à la Croix Rouge, surtout les aiguilles pour suturer les grosses blessures.

Heureusement, deux semaines avant cet incident, je suis allé à l'hôpital pour faire don d'un stock de ces aiguilles que des missionnaires nous avaient apportées et dont il m'est venu au cœur d'en donner le surplus à l'hôpital. Un lot était donné au Dr. Amédée, spécialiste en petite chirurgie, un lot au docteur Yves Pierre et un autre à la Croix Rouge. Voilà comment mes adversaires ont été soignés avec mes propres accessoires médicaux.

Quand j'ai appris les retombées de cette victoire, j'ai fait au Seigneur une prière que j'ai jugé stupide après tout, savoir :

- Seigneur, s'il en est ainsi, prolonge la durée de mes épreuves.

Redford est en repos pour quelque temps. Cependant les vacances de Satan seront très courtes.
« Notre Dieu règne encore, jamais son amour ne s'endort. » Ses promesses ne failliront jamais. Et sa main n'est pas trop courte pour sauver. Restez près de lui. Déjà pour abattre l'ennemi, son épée a lui. »

Témoignage No. 10
Le Plan De M. Échoue. Juillet 1987

Dieu n'accepte de défi de personne.
Un de nos voisins, jaloux de voir l'Ecole Professionnelle florissante au moment où les affaires baissent dans son atelier, trouva bon de dater notre mort et celle de la sœur Mercilie Charles.
- Il faut dit-il, que Renaut Pierre-Louis et Mercilie Charles disparaissent sur la face de la planète avant le 25 juillet.

A cette nouvelle, j'ai convoqué l'Eglise et j'ai dit à nos membres :
- Voici : quelqu'un vient provoquer Jésus en duel. Venons ensemble assister à sa défaite dans un jeûne de trois jours.

Retenez que Redford est plus qu'une Eglise. C'est une Citadelle de Christ en face de la Citadelle de Christophe, à la seule différence que si les canons d'Henri Premier sont désamorcés, ceux de Jésus-Christ sont toujours actifs pour démanteler les forteresses du diable.

En effet, au bout de deux jours de jeûne et de prière, nous étions témoins qu'on est venu l'arrêter pour escroquerie : Il avait acheté à un prix dérisoire des matériaux volés. Il s'est échappé de justesse et était obligé de garder le maquis pendant six mois.

En sortant de sa cachette, il était repris et jeté en prison pour quelques temps. A son élargissement, il était devenu sage, du moins pour quelques jours.

Les ennemis du juste sont châtiés et tous ceux qui ont Christ pour refuge, échappent au châtiment. Ps.34: 22-23

Témoignage No. 11
Tentative D'assassinat Avortée

En vérité, l'année 1987 était très fertile en activités subversives par les tenants de la gauche. Heureusement Satan ne peut pas s'entendre avec Satan. Dieu va utiliser comme tremplin le conflit entre deux factions rivales pour me mettre au large. Que s'est-il passé ?

Le torchon brûle entre Bob Lecorps et Henry Chinois. Ces deux hommes forts du Cap-Haitien ont mis leur bande en position de combat pour vider leur contentieux. Et voilà qu'à la faveur de ce règlement de compte, ma tête était mise à prix par des gens qui ont intérêt à m'ôter la vie.

Toujours est-il que le pasteur est le dernier à savoir de quoi il retourne autour de lui. Certains frères de mon Eglise en étaient au courant, et discutaient entre eux de la manière de m'en prévenir ou de me protéger. Je m'en vais vous rapporter leurs propres paroles.

L'un d'eux dit :
- Mes frères, il nous faut sans délai vérifier le bien-fondé de cet attentat contre notre pasteur.
- Je connais, dit un autre, un homme qui peut investiguer sur cette affaire et nous en communiquer des informations sûres.
- Comment ? Expliquez-vous, dit un autre.

- C'est que ce frère en question a des connections dans le gouvernement. Il peut aisément savoir qui est sur la liste pour être éliminé.

Effectivement, ils ont contacté le frère LN qui leur dit froidement :
- Le nom du pasteur figure en tête de liste.

Maintenant, ils ont un nœud gordien à trancher, savoir, comment en prévenir le pasteur et l'inviter à déguerpir.
- Allons le trouver à l'instant, dit l'un.
- Non, dit un autre, pasteur n'acceptera pas qu'on vienne lui dire rien de personne. Il ne va pas bouger de sa place.

Un autre ose :
- Montons à Redford avec des bâtons et des machettes pour protéger le pasteur.
- Fi donc, dit un autre, pasteur ne l'acceptera jamais.

Un autre propose :
- Je vous aurais conseillé de prier de préférence.

C'était enfin la solution adoptée.

Au matin, la ville était en émoi. Bob Lecorps descendait la rue du Quai en direction de la Fossette. Arrivé près de l'Abattoir, sans escorte apparente, la bande d'Henry Chinois cantonnée dans la zone, a mis la main sur lui et l'a séquestré. Le commandant des Forces Armées en étant averti, envoya un contingent

de soldats pour le libérer et il fit vivement la déclaration suivante :
- Que tout rentre dans l'ordre dans l'immédiat !

Le calme était revenu. Une fois de plus, le pasteur de Redford a survécu à cet assaut. Son nom est enregistré dans le livre de vie de Jésus ; il n'a pas à s'inquiéter pour un nom dans la liste des morts. La décision de Jésus est finale et la seule valable.

« Qu'il fait bon à ton service, Jésus mon Sauveur !
Qu'il est doux le sacrifice que t'offre mon cœur !»
CE. 144   SA. 307

Témoignage No. 12
Assaut Par Lapidation
Par Les Affidés Du Docteur X

Un samedi après-midi, une rumeur m'est parvenue qu'un des membres de mon Eglise s'est rendu chez un hougan à La Bruyère pour se faire guérir d'une maladie qu'il croyait être surnaturelle.
J'en étais désolé et je voulais aller sur l'heure le tirer de chez le soi-disant guérisseur. Malheureusement, la personne capable de nous y amener ne sera disponible que le lendemain.

Avec son consentement, nous avons laissé Redford dimanche à quatre heures du matin. C'était juste le temps de recueillir le malade, de l'amener à l'Hôpital Le Bon Samaritain du Limbé et de retourner à Redford pour le service d'adoration et de sainte cène à sept heures du matin.

Arrivé sur les lieux, nous avons stationné la jeep au bord de la rivière tandis que notre frère traverse les eaux pour aller chercher l'infortuné.

- Pasteur, me dit-il, restez à distance pour ne pas être aperçu, car si le frère voit que vous venez personnellement le chercher, pris de honte, il pourra refuser de venir.
- Je comprends.

Ma femme et moi étions dans la jeep dans une attitude de prière attendant l'arrivée de notre frère que Jésus va arracher des griffes de Satan.

Il fallait voir de vos yeux comment il nous a approchés. On dirait un détenu à peine élargi de prison mais encore poursuivi par une conscience coupable.

Nous l'avons pris à notre bord pour l'amener à l'hôpital Le Bon Samaritain. Il n'était pas encore six heures du matin quand nous allions réveiller le docteur Hodges dans son lit pour venir sauver ce malade. Heureusement, ce bon apôtre ne se fit pas prier.

Après un examen préliminaire, le docteur Hodges a gardé le patient. L'opération de sauvetage a réussi jusque-là. Et nous voilà de retour, glorifiant Dieu pour son intervention miraculeuse.

Cependant un groupe d'assassins attendait notre retour. Ils étaient postés des deux côtés de la pente qui monte à Redford. C'était la voie que nous empruntons habituellement pour rentrer chez nous. Ils le savaient bien.

Nous sommes passés devant eux sans affecter la moindre hésitation. Quand nous étions hors de leur atteinte, c'est alors qu'ils commençaient à se blâmer les uns les autres.

- Messieurs, comment se fait-il que notre vigilance soit trompée ? Le pasteur est passé là devant nous et nous ratons l'occasion de le lapider et de cribler sa voiture !

Jésus a dit : « Il n'y a rien de secret qui ne doive être dévoilé. Mt.10 :26 Partant, je n'avais pas tardé à connaitre l'auteur de ce crime prémédité.

La semaine suivante, je me suis rendu aux Etats-Unis pour quatre jours. A mon retour, ma femme m'a fait état de la maladie d'Esther notre troisième enfant. Elle l'a amenée chez un docteur ami, un ancien condisciple de ma femme. Mais quelle était sa stupéfaction quand elle a vu le docteur, debout devant la porte d'entrée de sa clinique, les yeux grands ouverts sur un homme qui vient auprès de lui faire son rapport !

Dans son imprudence, cet homme commençait par divulguer hautement des secrets de nature à trahir les menées subversives du docteur. Il n'a même pas regardé en arrière pour voir s'il était suivi par quelqu'un et il s'est adressé au docteur en ces termes :
- Nous avons brisé les vitres de la jeep du pasteur Olibrice. Il nous reste celle de votre ami, le pasteur...

Le docteur ne savait comment s'y prendre pour arrêter le flot de cette diarrhée verbale ni savoir non plus comment se retirer. Il était comme pris au piège.
Ma femme au bras de qui était la petite Esther, toucha ce rapporteur à l'épaule et lui dit :
- Compliment, jeune homme, vous êtes bien doué pour ce travail !

Quand il se voyait pris au piège, il détala à toute vitesse. Inutile de vous dire que ma femme a rebroussé chemin à l'instant.
A mon retour des Etats-Unis, ma femme m'a tout raconté. Deux semaines après cet incident, j'assistais aux funérailles de quelqu'un à la cathédrale du Cap-Haitien. Par pur hasard, j'ai vu ce docteur ami en train de converser avec un autre médecin de ma connaissance devant l'esplanade de la cathédrale. Je me suis approché d'eux pour les saluer et ai sauté sur l'occasion pour lui parler :

- Mon cher docteur, vous avez ici un réseau implacable. Je veux seulement vous informer que je ne suis jamais seul dans la pajero. Son propriétaire est toujours avec moi et il m'a juré que tant que je lui suis attaché, nul ne pourra m'abattre à coups de pierres. Le docteur était pétrifié.

Un mois après, j'ai appris qu'il était entré aux Etats-Unis pour mourir à Kissimmee, en Floride de la maladie qui ne pardonne pas, le SIDA.

Voltaire aurait dit : « O Dieu, préserve-moi de mes amis. Quant à mes ennemis, je m'en charge. » Retenez ceci pour votre édification :

L'avion a besoin de vents contraires pour voler. De même le chrétien a besoin d'adversité pour grandir. Voilà qui rend Jésus populaire.

Je suis fort, fort, oui plus que vainqueur par le sang de Jésus, mon Sauveur.

Témoignage No. 13
Assassinat Renvoyé

Un beau soir, le préfet du Cap est venu chez moi pour me dire :
- Pasteur Renaut, je sais qui je suis dans ma vie d'homme politique et dans ma vie d'homme tout court. Je connais aussi beaucoup de religieux et beaucoup de pasteurs. Je dois vous avouer que j'ai du respect pour deux seul : Le père Bégé de regretté mémoire et vous pasteur. Dans mes rencontres j'ai pu attester que vous êtes un échantillon rare de serviteur de Dieu. Je vous crois donc digne de m'introduire au pied du Seigneur pour l'accepter comme mon Sauveur.

Je l'ai écouté sans l'interrompre jusqu'au moment où il devait manifester sa foi au Seigneur Jésus. C'est alors qu'il fut retenu par une objection forte de sa concubine. Des intérêts communs de dimensions gigantesques sur lesquels ils ont tous deux réfléchi, le forcent à abdiquer.

Il était onze heures du soir. Ils ont tiré la révérence avec leurs fronts surplombés de pensées sombres et inquiétantes tandis que votre serviteur, gagné par cette habitude contraignante de prier tard, avisa un coin du campus pour assiéger le trône de la grâce.

Cependant, ce soir-là. Je n'étais pas seul. Trois visiteurs impromptus, les armes à la main, se dressaient devant le grand portail d'entrée du campus de l'Eglise Redford. Adossé à une vieille bâtisse qui

logeait autrefois « la sœur Radio » -je ne l'ai jamais connu de son vrai nom- je les dévisageais dans la pénombre. Autant que je sache lire les traits, ces jeunes gens, étaient de moins de vingt ans. Ils étaient là pétrifiés par l'indécision. Enfin, l'un d'eux entonna :
- Messieurs, il nous faut entrer maintenant et prendre le pasteur.
- Mon cher, ce n'est pas ainsi qu'il faut procéder, dit un autre.
- Et comment ? Reprit le premier. N'est-ce pas que le père nous a déjà payés !

Le troisième recula devant ce forfait en disant :
- Messieurs, je suis jeune, je n'ai aucun intérêt à perdre ma réputation dans cette affaire. D'ailleurs Redford est un endroit défendu par une forte armée. « Il y a de grosses armes ! »

A ce moment, je levai mes yeux vers le ciel pour dire en mon cœur : « Béni soit l'Eternel, mon rocher qui exerce mes mains au combat, mes doigts à la bataille ! Il couvre ma tête au jour du combat. Ps.140 : 8b
Quand j'ouvris les yeux, ils ont disparu.

Si le père les avait payés pour ma destruction, le Père céleste a mieux payé avec le sang de Jésus-Christ pour ma rédemption. Il n'y a pas de « juste prix » possible pour un bien qui lui coute déjà trop cher. Es.43: 4-5
Le lendemain, j'ai demandé au gérant de laisser le portail grand ouvert. Imprudence ? Stratagème ? Stratégie ? De grâce ! Epargnez-moi ces questions. En vérité, je ne sais pas.
Celui qui demeure sous l'abri du Très-Haut, repose...
Ps.91:1

Cependant, après tant d'assauts répétés en une seule année contre ma petite boule de terre de 180 livres, je me sens moralement affaibli, et vous allez le comprendre dans cette prière :
- Seigneur, vous arrivera-t-il un jour d'être fatigué de me protéger au point de me livrer entre leurs mains ?

Depuis lors, il ne me parle plus. Je ne savais pas s'il en était fâché. Il agit sans rien me dire. Je n'agis plus. Je suis agi et sans trop comprendre. Il s'est occupé à insérer des photos de son choix dans l'album de mon ministère.

C'est ainsi que je me vois à Acul Samedi pour bâtir gratuitement un temple de quatre-vingt-dix pieds de long sur cinquante pieds de large pour une congrégation qui ne l'avait même pas sollicité.

Construction du Temple à Acul-Samedi
Après 5 jours de travail.

Le Seigneur nous a engagés à le faire en refusant tous les avantages de l'hospitalité. Nous dormions à la belle étoile, sans lit, sans drap, avec pour oreiller nos chaussures sous la tête.

Nous étions en compagnie de 150 braves ouvriers et volontaires de partout, n'ayant pour nourriture que notre propre pain pour que l'équipe ne fût pas à la charge des fidèles de l'endroit.

Le travail est achevé en trente jours. En aucun de ces jours-là, la pluie ne nous a surpris dans notre sommeil en plein air et pendant toute la durée du travail. Il n'a plu seulement qu'au moment où il nous fallait entrer en ville pour nos services d'étude biblique et la réunion de prière.

Au jour de l'inauguration, une pluie torrentielle nous a gardés à l'intérieur de l'Eglise pour des heures. C'était assez pour faire passer le message aux missionnaires étrangers. Ceux-là avaient été invités seulement pour qu'ils constatent avec nous ce que Dieu peut faire quand deux ou trois sont assemblés en son nom.

Et Dieu avait ses raisons car, six mois après, cette congrégation de 200 personnes a atteint le chiffre record de 1200. Dieu en soit loué !

Je me vois après cela à la Citadelle avec 103 de mes ouailles pour une tournée historique, et c'était la dernière.

Je me vois ensuite à la Bruyère pour une tournée missionnaire avec cent-vingt chrétiens de Redford et c'était la dernière.

Je me vois encore à Acul Samedi pour baptiser 108 candidats. Cette cérémonie était la dernière.

Pasteur Renaut et le Diacre Gédéon suivis de 108 candidats au baptême en route vers la rivière Marion (Acul Samedi)

Je me vois enfin à l'Hôtel Imperial où j'invitais à diner cinquante-deux pasteurs. Le but était de discuter sur l'avenir de l'œuvre en Haïti. Cette réunion était la dernière.

Le compte à rebours pour le décollage vers d'autres cieux a commencé.

Façade ouest du complexe éducatif de Redford
(Primaire, secondaire, professionnel)

Témoignage No. 14
L'holocauste Du 8 Janvier 1991

L'holocauste de Renaut et de sa famille est préparé. Une mort certaine orchestrée par des envieux de tous poils, les attendait. Comment vous présenter ce scenario ?

Il nous faudrait exposer devant vous des tableaux les uns différents des autres mais qui, mis ensemble, pourront vous édifier sur les causes lointaines et immédiates de notre éventuelle disparition.

Première cause. Depuis l'année 1986, la barque de l'administration à Redford naviguait au milieu d'un océan où prolifèrent des jaloux et des traitres. Cependant, comme les vagues, ils ont des limites qu'ils ne pourront jamais franchir. En voulant outrepasser les lois de Dieu, ils entendront certainement une voix qui leur dira : « Arrêtez et sachez que je suis Dieu... Mon pouvoir n'a pas de frontière car je domine sur les nations, je domine sur les hommes, je domine sur la terre et sur tous les événements. Ps.46: 11 paraphrasé

Dès le début de l'année 1990, dans la perspective d'une construction gigantesque pour loger l'Eglise du Seigneur, nous étions confrontés par le besoin d'enlever à l'emporte-pièce toute la colline de Redford.

Comment y parvenir avec six pioches, dix pelles et deux brouettes ? Nos démarches auprès de l'ingénieur des Travaux Publics pour avoir un Back-o-loader à notre disposition, étaient restées infructueuses. A un certain moment de la durée, les pierres de la montagne étaient devenues rebelles à toutes forces humaines. Nos braves gens n'étaient guère découragés. Après la réunion de prière d'un lundi soir, je leur disais :

- Et maintenant, puisque nous n'avons pas de bulldozer pour effectuer le travail, allons-nous asseoir sur la montagne. Avec la pioche de la foi, il faudra qu'elle disparaisse sous nos yeux. Jésus dixit.

Frères Pierre Jean et Sainvilus Carrefour admirant un des bulldozers à l'œuvre pour éliminer la montagne.

Frère Harold Fatili en haut à gauche travaillant au mur de soutènement après l'élimination de la montagne.

Nos frères et sœurs ne se le firent pas répéter. Et comme un seul homme, ils obéirent.

Trois jours après, le ministre des Travaux Public de Port-au-Prince m'a appelé pour me dire :

Mes enquêtes m'ont révélé que vous avez la terre qu'il me faut pour remblayer la piste de l'aviation du Cap en construction. Dès demain matin j'enverrai dix bascules, deux bulldozers et un back-o-loader pour éliminer la montagne. Les pierres et les graviers vous resteront.

Ramassage du gravier après le passage des bulldozers

Frères Mathieu Bien-Aimé et Jean Ba
Triant le gravier.

Depuis lors, le bruit court à travers la ville comme la rougeole dans un jardin d'enfants que pasteur Renaut est un bourgeois. Il a de grandes affiliations politiques dans l'ancien régime, car même le préfet et le sénateur n'ont pas réussi à se disposer de ces engins mécaniques. Il ne fait aucun doute que Renaut soit « macoute. »

Des hommes de toutes catégories me viennent chaque matin. C'étaient des ingénieurs fraichement diplômés qui me soumettaient leur diplôme et leur résumé.

Des travailleurs à la main d'œuvre non qualifiée font le va-et-vient devant l'Eglise. Je ne pouvais refuser leur application au risque de soulever un tollé de protestation. En vain leur ai-je dit que je ne suis rien, ils persistaient à venir auprès de moi dans l'attente d'une réponse que je n'avais pas et que je ne pouvais donner.

Façade Est de l'Ecole Professionnelle
et l'Eglise à l'arrière-plan

D'un autre côté, notre Ecole professionnelle travaillait d'arrache-pied en vue de la cérémonie de graduation en septembre. Une session fonctionne le matin, une autre, le soir. Là, il me fallait avoir de la gazoline pour le générateur de secours. C'était l'or liquide que tout le monde ne pouvait posséder tandis que des voitures gisaient au long des trottoirs à la merci de la pluie et de la poussière.

Entre temps, l'avenir de 71 étudiants nageait dans l'incertitude, faute d'électricité. Devant l'urgence du moment, je me suis rendu auprès du colonel des Casernes pour lui expliquer la situation. En homme qui sait comprendre, il me demande.

- Combien de gallons de gazoline vous faut-il pasteur ?
- Deux drums, monsieur le colonel. Ce qui équivaut à 110 gallons.

Il me donna une recommandation valable pour obtenir de l'essence de toutes les stations en fonction.

Le générateur est tourné chaque soir de six heures à neuf heures du soir pour les étudiants en secrétariat et jusqu'à dix heures trente du soir pour subvenir au besoin d'éclairage en faveur des candidats aux examens du Baccalauréat habitant dans la Cité Sainte Philomène.

En tout cela, les envieux voient que je me prélasse dans la richesse parce que j'ai du contact avec le ministre des Travaux publics de Port-au Prince, avec le colonel du Département du Cap-Haitien tandis qu'ils végètent dans la misère et l'obscurité totale. Leur haine monte comme du «mabi» dans une bouteille au goulot trop étroit.

Deuxième cause. Quand vient l'heure des manifestations populaires, on demande péremptoirement aux directeurs des écoles de fermer leurs portes. Je ne l'ai jamais fait car nos étudiants suivent un programme astreignant qu'ils doivent boucler en vue de leur graduation. Dieu soit loué ! Nous avons réussi avec eux car leur succès est aussi le nôtre.

Nos étudiantes en secrétariat étaient réclamées dès leur graduation par les patrons invités à la cérémonie. Elles arrivent à couvrir le marché commercial à quatre-vingt-cinq pour cent.

Le choix d'un métier était obligatoire à nos élèves de l'école du jour. A l'âge de douze ans, les élèves bien doués n'étaient plus à la charge de leurs parents. Ils pouvaient choisir entre l'électricité domestique, la pâtisserie, la mécanographie, la dactylographie ou l'économie domestique.

Exposition de plats à la section de cuisine haïtienne

Une partie de l'atelier d'ébénisterie

La Section de couture et d'Economie domestique

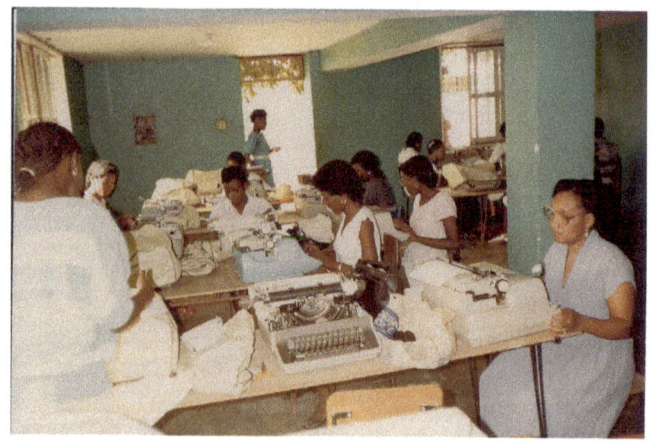

Section dactylographie au centre ESVOTEC

La Section professionnelle comptait dix-sept machines à coudre, cinquante machines à écrire, un atelier complet d'ébénisterie, une cuisine complète avec batteuse commerciale pour la pâtisserie, un équipement complet pour la mécanographie, et l'électricité domestique. Et tout cela, pour assurer l'avenir de la Jeunesse sous la direction de professeurs qualifiés.

Troisième cause. Le village de Sainte Philomène n'était pas approvisionné en eau potable. Les braves gens se sont mis à collecter des fonds et du matériel hydraulique pour canaliser les eaux de la source Pica non loin du mont Bel-Air. J'ai contribué avec un tuyau de trois pouces pour ce projet.
Mais considérant l'énormité de notre complexe comprenant l'Eglise, les Ecoles primaire, secondaire et professionnelle, j'ai entrepris des démarches pour y aménager des puits artésiens. Entre-temps, je me suis fait le devoir de consulter le promoteur du projet d'eau dans la Cité pour avoir son opinion. Il m'a dit clairement :

- L'eau ne sera jamais de trop.

Trois semaines plus tard, j'ai reçu la visite du préfet du Cap et d'un avocat. Ils étaient accompagnés d'une foule d'environ vingt personnes au nombre desquelles le promoteur du projet d'eau. L'avocat me fit la question suivante :

- Nous avons appris que vous avez un projet d'eau pour la cité Sainte Philomène.
- Pour l'Eglise Redford, rectifiai-je.
- Mais vous entendez servir la communauté avec cette eau, n'est-ce pas ?

- Si elle le veuille bien, répliquai-je.
- N'est-ce pas que vous aviez dit que vous allez donner de l'eau à la Cité Sainte Philomène, avança quelqu'un de la foule ?
- Si c'est le vœu de la communauté, répondis-je. Jusqu'ici c'est un projet que j'ai. Il n'est même pas élaboré. Il n'y a donc rien pour effrayer personne.
- De toute façon, dit l'avocat, nous vous interdisons de mettre un bout de tuyau en dehors de votre propriété.

Pendant ce temps, j'ai vu la tête du promoteur de ce projet émergée de la foule. C'est alors que j'ai compris l'intervention de l'avocat.

- Là, le sang me montait aux tempes et je lui répondis vertement.
- Maitre, vous êtes mon professeur en Droit. Je connais mes droits, je connais mes devoirs.
- Messieurs, dit-il, l'incident est clos.

Promotion Constantin Durand 1975
Gonel Joseph, Dieudonné Augustin, Renaut Pierre-Louis,
Joseph Jacques Pierre, Samuel Joseph, Joseph Léandre

La foule s'était dispersée, mais pas leurs idées égocentriques. Le projet d'eau est bon pourvu qu'il soit réalisé seulement sous leur patronage.

Un mois après, tandis que j'étais aux Etats-Unis en vue de l'achat d'équipement pour notre Ecole Professionnelle, j'ai surpris une note intéressante dans une conversation entre un ami à moi et son interlocuteur. Celui-ci était un philanthrope très disposé à aider les pays sous-développés dans leur besoin d'eau potable avec des citernes d'une contenance de 10,000 gallons chacune. Immédiatement, je me suis immiscé dans leur dialogue pour plaider en faveur de Sainte Philomène. Il a acquiescé au projet et se disposait à venir sur les lieux pour vérifier l'assiette de son futur investissement.

Dans moins de deux semaines, il était au Cap-Haitien avec mon ami et me demandait de l'amener sur les lieux. J'ai donc appelé le promoteur du projet que j'ai introduit aux deux étrangers.

Cela dit, on fit route ensemble vers la source Pica. Là, notre intéressé nous montre une eau stagnante tapissée de vert-de-gris, sans aucun débit notable. Sans même faire de littérature, nos amis opérèrent un demi-tour pour rentrer chez eux en dissimulant leur colère.

Depuis lors, un trou est fait au tambour sonore du promoteur et le projet reste lettre morte.
Et depuis, cet homme honteux et confus voulut rompre toute communication avec nous. La première chose qu'il fit était de retirer son enfant âgé de quatre ans dans notre école maternelle pour l'inscrire chez les Frères de l'Instruction Chrétienne. Pour comble

de malheur, il n'y était pas accepté sous les allégations suivantes :

Premièrement, l'enfant n'est pas d'âge scolaire. Deuxièmement, sa connaissance qu'on a évaluée, révèle qu'il est trop avancé pour leur programme où on n'admet les enfants qu'à partir de six ans.

Quand les parents de la Cité ont appris la nouvelle, ils ne cherchèrent pas midi à quatorze heures pour transférer leurs enfants des écoles en ville à notre Etablissement. Cette disposition les arrange d'ailleurs parce que, du même coup, ils s'épargnent un déplacement vers la ville et garantit leur paix d'esprit dans les cas de crises politiques et de bouleversements inattendus.

En effet, cet homme nous a rendu service sans le vouloir. L'Ecole est au comble et le succès était certain. Aux examens du certificat, le lauréat est sorti de Redford avec un score de quatre-vingt-dix-neuf sur cent. Le clergé catholique en était bouleversé. C'était une gifle pour flétrir le visage de tous les enseignants dans les écoles congréganistes.
Innocemment, je suis allé acheter des ouvrages classiques à la librairie des frères de l'Instruction Chrétienne située à la rue 18-L. Le « cher frère » a refusé publiquement de nous en vendre.

- Je ne vends pas de livres aux protestants, dit-il d'un ton cassant.

C'était une insulte grave que nous n'étions pas disposés à encaisser. Au lieu de répondre à l'insensé selon sa folie, nous nous mettions à l'œuvre, ma femme et moi pour préparer nos propres ouvrages.

Grâce à une pédagogie diffusive, nous avons pu envoyer des élèves d'âge précoce au Certificat d'Etude primaire et pendant quatre ans, les premiers lauréats affichés au Département de l'Education venaient de Redford. Ce succès en vérité, passe pour une provocation audacieuse qui autorise contre nous toute disposition vindicative.

Quatrième cause. Une auto-école gratuite pour les jeunes.
Nous avons anticipé l'audace et la fougue des jeunes dans leur fol désir d'apprendre à conduire. Comme Dieu a mis deux voitures à notre disposition, nous avons ouvert ce volet en leur faveur. Jérôme, notre chauffeur était bien fier d'être le professeur de cette auto-école.

Cinquième cause. Le forage de puits artésiens depuis le Nord jusqu'au Nord-Est.
Une compagnie de forage de puits m'a fait un abus criant en laissant son matériel en panne sur notre cour, m'obligeant à payer un gérant pour le surveiller pendant neuf mois.

J'en ai fait part à mon ami Bill Lehnert de la Floride. En un rien de temps, il a pu repérer au téléphone le président de la compagnie en son bureau à Valley-Forge en Pennsylvanie. Celui-ci a compris la situation et pour me dédommager, il a consenti à me forer trois autres puits à titre gratuit.

Forage de puits artésien à Redford

A ce moment, pour satisfaire son grand besoin de développer des œuvres communautaires, Le Rotary Club a sollicité notre coopération. C'est ainsi que nous lui avons octroyé deux de ces puits, l'un était foré au Haut-du-Cap et l'autre à Carrefour Jésus dans le Nord-Est entre le Trou-du-Nord et Terrier-Rouge.

C'étaient ces gens dont certains membres avaient épousé le parti des communistes bourgeois, qui s'étaient opposés à mon assassinat.

Ainsi notre nom ricoche de bouche en bouche, dans la grande et la petite société, en bien et en mal, comme si nous étions détenteur d'un monopole à faire ombrage aux autres.

Déjà on nous donne le titre de millionnaire, de bourgeois, expressions qui, dans leur vocabulaire, signifient « exploiteur ». On les affiche sur les murs, un peu partout dans la Cité.
- Renaut est un agent de la CIA. Nous allons former une coalition dans la Cité pour l'abattre.

Cependant, Dieu m'a donné un esprit combattif et intransigeant. Dans la défense de mon ministère, j'ai dit du haut de la chaire :
- C'est ridicule de croire qu'on peut prendre la tête de quelqu'un pour fondation. Elle sera branlante et ne pourra jamais tenir. Si vous croyez que mon succès vient d'entreprises malhonnêtes, prouvez-le et agissez. Mais si mon entreprise vient de Dieu, imitez-moi et réussissez avec moi. Reconnaissez seulement, que l'homme ne pourra jamais détruire ce que Dieu lui-même a construit.
- Quant à ceux qui cherchent à nous lapider, je ferai de mon mieux pour ne pas en être atteint. Néanmoins, j'utiliserai leurs propres pierres pour les aider à bâtir leur avenir.

Sixième cause. La construction du complexe éducatif de Redford. Ce projet commence à bourgeonner en juin 1980 quand ma femme m'appela au téléphone.
- Chéri, comme tu es à Miami pour une semaine, tachez de nous apporter des tissus à petits carreaux blancs et verts. Je veux ouvrir une école maternelle pour l'Eglise.

Ceci fait, elle ouvre un registre d'inscription et engage les parents à payer trois gourdes ou $0.60 ct. par moi. Elle s'était adjointe la sœur Anne-Marie Louis comme institutrice.

Mais dans ces trois gourdes par moi, elle leur donne un plat chaud chaque jour. Touché par cet acte humanitaire, j'ai prié le Seigneur pour qu'il pourvoie à ces dépenses. C'est ainsi que les profits que j'ai réalisés dans le tourisme étaient absorbés dans cette œuvre de bienfaisance.

Conférencier trilingue dans le tourisme au Cap-Haitien

A la fin de l'année, quand les parents ont constaté les résultats obtenus par leurs enfants et le changement dans leur comportement, comparativement aux autres enfants de la communauté, ils viennent nous trouver et s'obligent à payer décemment l'écolage.

Depuis lors l'école a connu une explosion démographique qui nous force à construire chaque année d'autres salles de classe. Au fur et à mesure que nous travaillons dans ce projet, les parents membres de l'Eglise et les écoliers participent chaque jour à un mouvement de coumbite pour acheminer les matériaux à pied d'œuvre.

On n'est jamais allé à la Banque pour emprunter de l'argent. Dieu m'a permis de financer ce projet avec les recettes de l'école et les fruits du loyer de ma maison pendant une période de sept ans.

Frère M.Bellamour construisant la charpente du censorat.

Dès lors, l'esprit de coumbite qui nous anime, nous a permis d'aider chacun des ouvriers, maçons, ferrailleurs et charpentiers à avoir leurs propres maisons ou bien à ouvrir une entreprise personnelle.

Au fur et à mesure que l'Ecole me reverse l'argent acquis du loyer de ma maison, j'ajoute un bloc à ma nouvelle maison. Je n'ai dépensé que pour les matériaux. Les ouvriers, pour manifester leur reconnaissance, ont promis de travailler à demi-solde.

- Pasteur, vous nous avez aidés, chacun à posséder une maison, à notre tour de nous mettre ensemble pour vous aider à avoir la vôtre.

Quand les gens nous voient travailler à la chaine, ne pouvant y identifier le pasteur, ils viennent les soulever contre moi. Mais ce qui est drôle, ils ne me connaissent pas au point qu'en deux occasions différentes, ils sont venus m'aborder pour me soulever contre le pasteur Renaut. Ecoutez ceci :

- Mon cher, vous êtes trop jeune pour ce travail abrutissant. Le pasteur ne devrait pas prendre ses aises dans sa tour d'ivoire et vous livrer au soleil ardent. Il n'est d'ailleurs pas le roi Christophe.
- Quelle impertinence, rétorqua le frère Louis Marcellus? Vous parlez ainsi en face du pasteur !
- Où est-il, reprit l'inconnu en bégayant ?
- Voici. C'est au pasteur en personne que vous parlez.

Sans dire mot, il se retira.

En dépit de tout, Redford est devenue une ruche bourdonnante en fonction du lundi au vendredi de 7.00 heures du matin jusqu'à 9.00 heures du soir. Les activités étaient ainsi conçues :

7.00 am –1.00 pm. Premier groupe d'étudiantes en Secrétariat bilingue
8.00 am –2.00 pm. Ecole primaire et secondaire
3.00 pm – 6.00 pm. Ecole primaire Le Messie pour les enfants en domesticité.
3.00 pm – 9.00 pm. Deuxième groupe d'étudiantes en secrétariat bilingue

Les classes d'électricité, d'informatique, de dactylographie, de pâtisserie et d'économie domestique fonctionnent en même temps.

Etudiants en Electricité (Classe de Pratique) et Wesly Saintidor en pantalon rouge et maillot blanc, l'actuel pasteur de Redford

Etudiantes en Secrétariat bilingue

Une classe de la Section primaire régulière (le matin)

Une classe de la section primaire «Le Messie»(après-midi)

Installation élecrique dans la construction de l'Ecole Professionnelle par les Etudiants en Electricité

Coulée à la chaine de la dalle en béton de l'Ecole Professionnelle (1984)

L'Ecole Primaire « Le Messie » en fonction dans l'après-midi, était aménagée par ma femme, la Sr Catherine Pierre-Louis. Elle visait une éducation adéquate aux enfants en domesticité. Et comme résultats :

      Les élèves des deux départements vont aux examens du Certificat d'Etude Primaire et réussissent également. Dieu nous a permis de mettre en valeur les talents de ces enfants sans parents responsables. Ils sont devenus des hommes pour Dieu et pour la nation au même titre que ceux de leurs maitres.

La section Secondaire a déjà bouclé le programme du Bac depuis la seconde et tient la Rhéto comme une période marginale dans leur cycle d'études.

Vue du flanc montagneux façade Ouest de la propriété.

Esther et Alexandra (mes filles) maçonnes par contagion.

Participation des élèves dans la construction de l'Ecole.
L'enfant vêtue de la robe la plus longue
est ma fille Alexandra

Les six professions précitées étaient disponibles aux jeunes, grâce à Dieu et l'aide de Vision sur le monde. C'était déjà trop pour nous conduire à la crucifixion.
Sachant que le moment approche où je dois gravir mon Golgotha, Dieu m'a envoyé les pasteurs Charles Martin et David McCoy, deux amis des Etats-Unis. Mi-Septembre 1990.

- Pasteur Renaut, nous sommes venus ici dans l'unique but de passer quarante-huit heures de prière avec vous.

Nouvelle configuration de l'Eglise
après la destruction de la montagne. 1990

Manoa Sainfort, l'homme de fer pour casser
les pierres à l'aide d'une pioche

Plus de mornes ! (1990)

Au début d'octobre 1990, un autre frère d'Orlando atterrit à Port-au-Prince. Il vint au Cap-Haitien pour me dire :
- Pasteur, j'ai déjà réglé mes affaires personnelles à la capitale quand j'ai réalisé que je ne peux retourner aux Etats-Unis sans venir au Cap vous saluer. Je suis le plus proche voisin de frère Elias Ernest, notre ami commun.
- Je ne pourrai le revoir, reprit-il, sans lui donner de vos nouvelles. Je veux dissiper chez lui toute inquiétude à votre sujet, vu la précarité des conditions socio-politiques du pays.

Pasteur Daniel a passé deux jours avec moi et dans l'échange de nos propos, il s'est décliné comme un intermédiaire au service d'immigration des Etats-Unis. C'est ainsi qu'il s'est offert pour régler les papiers de résidence de mon fils ainé en vue de ses Etudes universitaires aux Etats-Unis. Mais pour cela, il me faut lui remettre tous mes documents (l'acte de naissance de tous les membres de la famille et mon acte de mariage à l'appui.)
Sans bien savoir ce que je faisais, je les lui ai remis dans les limites d'une confiance sans bornes.
En effet, le 16 décembre 1990, le Seigneur m'a confié le message suivant dans Juges chapitre 9 :1-57

UN CHOIX MALHEUREUX

Le soir de ce jour, il m'a dit clairement :
« Vous vous souvenez de la montagne que je vous ai montrée en 1987, celle-ci est plus abrupte. Vous ne pourrez la gravir. Le moment de votre départ approche. Et voici à quel signe vous le saurez :
Vous serez assailli par plus de 200 assassins, mais ils ne pourront rien contre vous parce que je vais vous couvrir. J'enverrai deux avions vous chercher. Vous prendrez siège dans le plus petit. Mais si vous restez, vous mourrez. »

Je n'en disais rien à personne, pas même à ma femme. Ce n'était pas par incrédulité, mais par un sentiment d'appartenance. Imaginez que, pendant dix-neuf ans, ma vie était liée à Redford comme par un mariage indissoluble.

Cependant, le Seigneur n'en restait pas là. Il l'a révélé à la sœur Gérard Dieudonné le lundi 31 décembre 1990. Celle-ci en a fait part à l'Eglise dans son témoignage durant le service de Longue-veillée ; ensuite à ma fille Florence le vendredi 4 janvier 1991.

Entre temps, la tension monte à Port-au-Prince. Le ministre Lafontant a laissé le Canada pour entrer en Haïti et renverser le gouvernement par un coup d'Etat. Il vient par-là mettre le feu aux poudres.

Les nerfs de la jeunesse, déjà à fleur de peau, tournent le pays en un brasier incandescent. Le «déchoucage» était général. Les règlements de compte étaient satisfaits à la faveur de ce tournant politique. On ne connait ni ami, ni ennemi. Le pays est sombre comme frappé d'un deuil lugubre.

Depuis le 6 décembre 1990, à la veille des examens, les écoles étaient fermées par décision ministérielle. Les directeurs d'établissements scolaires qui comptaient sur les examens de Noel pour presser les élèves à payer leur écolage, étaient frustrés et déçus.

Cependant, nos professeurs, voulant savoir si j'ai de l'argent pour leur payer, m'ont envoyé adroitement un « ami » pour solliciter un emprunt. Le cas échéant, ils auront assez d'arguments pour me forcer à leur payer le mois de décembre qui est dû, mais dont les fonds à recueillir des élèves n'étaient pas perçus. Je n'avais pas d'argent.
De ce côté, la tension monte aussi.

Le lundi 7 janvier 1991, un groupe de «déchouqueurs» se tenaient aux abords de ma maison dans l'unique but de m'assassiner. En les voyant, le frère Mathieu Bien-aimé est venu en pleurant pour me l'annoncer.

Sans hésiter, je suis sorti à leur rencontre. C'était pour constater le déploiement d'une bande armée de machettes, de pioches, de bâtons, de stylets. Elle était massée devant mon portail. C'était pour me couper toute retraite. A quelques pas se dressait le Centre professionnel devant lequel ils ont allumé un grand feu pour me griller après m'avoir tué.

Façade sud de l'Ecole Professionnelle où les assassins étaient massés et avaient allumé leur feu pour me griller. 7 janvier 1991

- Messieurs, leur dis-je, c'est pour cette Ecole Professionnelle que vous êtes venus contre moi ? Ecoutez bien ceci : Depuis ma tendre enfance, j'ai vu mon père occupé à travailler avec le peuple et pour le peuple. Avant l'érection de cet établissement, vous n'aviez pas eu un moyen d'orientation. Elle vous servait de point de repère pour toutes les rencontres personnelles. Quand je ne serai plus là, elle vous restera.

Entre temps, une foule grossissait autour d'eux. N'étant pas du quartier, ils se croyaient encerclés et pris au piège. Dès lors, ils se retirèrent. Lorsque ma femme l'a su, elle me dit :
- Naud, je ne puis pas supporter ces pressions.
- Que veux-tu que je fasse ? Lui dis-je

- Puisque toi, tu as un visa de résidence, tu pourras aisément te sauver.
- Me sauver ?... C'est mal me connaitre, répliquai-je. Ma vie ne m'appartient pas. Si j'ai fini de compter mes heures, ma plus grande joie c'est de retrouver le Seigneur Jésus à qui je suis redevable.

Là-dessus, j'allais prendre mon passeport et ma carte de résidence pour les déchirer. C'était pour lui signifier que je préfèrerais mourir avec ma famille si je ne peux pas vivre pour elle. Ma vie sans elle et sans Redford n'a aucune signification.

Cependant, ces deux documents avaient disparu miraculeusement.

Pourtant je les gardais dans la poche de mon pyjama depuis le dimanche 16 décembre 1990 en attendant du Seigneur l'ordre de mon départ. Mais ma décision était trop charnelle pour avoir son approbation.

L'instant d'après, ma femme a rectifié en disant :
- Comme tu détiens un droit de résidence aux Etats-Unis, tu vas nous devancer pour nous ouvrir la voie.

Cette option était plus généreuse et plus lucide. Je lui en ai donné acte. Le reste de la journée s'est écoulée sans incident remarquable. Chacun reste chez soi dans l'attente d'être « déchouqué » ou molesté.

Le lendemain 8 janvier à 1.00 pm, le frère Joel Innocent fit savoir à ma femme qu'on vient de brûler une maison dans les hauteurs de Sainte Philomène, la maison du pasteur est la suivante.

A cette nouvelle, notre compagne ne sait où se mettre. Mère de six enfants dont les deux premiers étaient en ville depuis le matin. Les quatre petits étaient là sans savoir de quoi il retourne. Elle fait le va-et-vient entre la maison et la rue pour avoir les toutes dernières nouvelles. Mais c'était pour nourrir sa peur et l'accabler jusqu'au désespoir.

A 1.30 pm, je suis entré dans notre salle de prière au sous-sol. C'était une chambre de quarante-cinq pieds de long sur neuf pieds de large. Là, je fis cette prière :

- Seigneur, en vérité, je ne suis pas du tout satisfait de la façon dont tu organises ma partance. Je vais laisser comme un méchant, un voleur aux yeux de tout le monde.
- Je ne croyais pas qu'il m'écoutait. J'étais comme Jonas chargé de reproches contre un Dieu rendu responsable de sa situation.

Finalement je lui dis :
- Comme tu avais promis de m'habiller, me voici devant toi.

A ce moment, j'ai vu de mes yeux descendre un voile blanc qui me couvrit de la tête jusqu'aux chevilles. Je laissai l'habitation et traversai la muraille de Georges Mompoint, mon voisin.
- Que fais-je ? Dis-je. Laisser comme un voleur? Où est ma dignité de serviteur de Dieu ?

La foi reprit ses droits en moi et je traversai à nouveau la muraille pour me retrouver sur ma cour.

Delà, je pris la rue normalement au su et au vu de tout le monde. Ce que j'ai su après coup, c'est que tous ceux-là qui partageaient mes sentiments me voyaient et ne pouvaient m'appeler. D'un autre côté, Dieu m'a rendu invisible aux yeux de mes ennemis.

Tout cela, je l'ai appris à mon plus prochain voyage au Cap-Haïtien et cela, de la bouche même de mes adversaires gagnés par la crainte que leur inspire l'intervention miraculeuse de Dieu.

Je me suis rendu chez ma secrétaire dans la section Secrétariat pour lui passer mes instructions sur le programme de la semaine suivante. De là, je me suis rendu chez le frère Daniel Louis pour prier avec sa fillette Dafoufoune, une victime d'infantilisme.

En face, habitait le diacre Beaumanoir Valcourt à qui j'ai payé une visite d'amitié. Mais lui, pressentant le danger qui planait sur ma tête, a daigné m'accompagner jusque chez le diacre Pierre Jean, son voisin de deux blocs de distance. Mais pour celui-ci, je devrais rester à l'Eglise dont les fortes murailles seraient un rempart de protection pour moi. Pauvre calcul. Je ne pouvais m'attarder auprès des gens peureux.

- Mon bien cher frère, je vous laisse. A bientôt.
- Past, que le frère Valcourt vous accompagne au moins, dit Pierre Jean.
- Très bien, frère Pierre Jean. Au revoir.

Voulant rompre un silence déjà trop pesant, le frère Valcourt m'adressa la parole. Mais j'étais comme émigré dans une autre planète. Je n'entendis rien de ses paroles. Il a compris et s'est tu. En traversant «Nan Banann», il nous fallait passer au milieu d'une foule haineuse en conflit avec l'armée d'Haïti. Elle lançait contre les soldats des Cocktails molotov tandis que les soldats ripostaient avec des tirs à bout portant sur les civils. C'était ce guêpier qu'il me fallait percer.

Mon diacre hésitait.
- Frère Beaumanoir, si vous avez peur, vous pouvez retourner. Quant à moi, il me faut passer au milieu d'eux. Je n'ai pas de choix.

Comme Elisée en compagnie du prophète Elie, il consentit à m'accompagner quand je frayais un passage dans la vallée de l'ombre de la mort.
En quelques minutes nous sommes chez frère

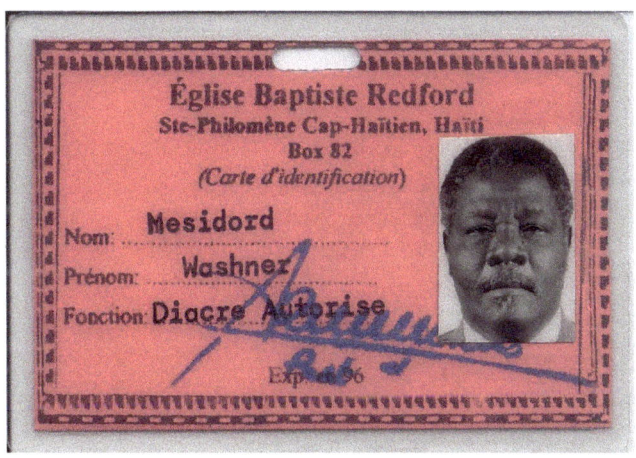

Washner Mésidor, diacre et trésorier de l'Eglise.

Avant qu'il eût le temps d'ouvrir la bouche, je lui dis :
- Frère Wash, J'ai été avec vous autres pendant dix-neuf ans. Il est très probable que vous voyiez mon visage pour la dernière fois. Je pars. Vous êtes témoin que durant mes huit dernières années avec vous, j'ai travaillé seize heures de temps par jour sans recevoir de salaire. Actuellement, pour toutes ressources, je n'ai sur moi que trente-cinq centimes.

Le frère Washner ne pouvait en entendre davantage. Il tomba évanoui.
Sa femme arriva et cria :
- Qu'est-il arrivé à mon mari ?

Le frère Washner reprit conscience et lui dit :
- Pasteur va nous laisser.

Sa femme tomba également. C'est alors que je me mis à chanter :
«Non! Jamais tout seul...
«Jésus mon Sauveur me garde,
«Je ne suis jamais tout seul.»

J'ai prié avec la famille et à mon départ, le frère Washner m'a tendu 2,000 gourdes en papier-monnaie ayant cours légal dans le pays.
Arrivé au carrefour du «Pont Neuf», je pressai la main au frère Beaumanoir en lui disant:
- Cher frère, c'est le moment de nous séparer car je dois suivre la trajectoire de ma destinée. Au revoir.

Au côté gauche du pont gisaient dans leur sang deux jeunes garçons et comme un soldat flairant la bataille, je poursuivis mon chemin.

L'Etoile du serviteur de Dieu à Redford a disparu sous l'ombre épaisse de l'ignorance et l'indifférence. « Nos ennemis ne savent en vérité ce qu'ils me font ».

A ce moment, j'ai poussé un cri :
- Seigneur, à nous deux, maintenant. Vous avez promis de pourvoir à mon déplacement, où est le véhicule ?

Quand j'ai jeté un coup d'œil sur ma droite, j'ai vu une petite voiture en stationnement sur le pont. Elle était déjà chargée. Le chauffeur était seulement retenu par quelqu'un qui lui parlait.
- Chauffeur, lui dis-je, déposez-moi à l'aviation
- Oui, monsieur. Quinze gourdes.

C'était une course de deux gourdes. Mais à ma vie défendant, je l'ai payée avec joie. A dire vrai, il n'y avait pas de place dans l'auto. Je devais m'asseoir sur deux grosses dames, on dirait deux oreillers bien bourrés. Je n'avais pas le choix. Heureusement l'aviation du Cap n'était qu'à trois kilomètres de distance.

Par bonheur, j'y ai rencontré deux employées de ma connaissance :
C'était Linda Cotin, une jeune très fervente de l'Eglise Redford, l'autre, Unive Brice, professeur dans la section de sténographie. Celle-ci travaillait à temps partiel comme secrétaire à l'aviation.
- Puis-je avoir un billet d'avion pour Port-au-Prince?

- Non, pasteur. Deux avions ont à peine laissé. Ils reviendront demain. Les sièges sont déjà réservés. Cependant, comme le temps est mauvais et que l'un des passagers est du Limbé, je doute fort de sa ponctualité étant donné qu'il aura maintes barricades à franchir. Néanmoins, je vous mets sur la liste sur toute réserve.
- Merci bien, madame Brice. Pouvez-vous m'accorder d'appeler en ville?
- Avec plaisir, pasteur

En quelques secondes, j'ai eu frère Washner au bout du fil. Il m'a offert de m'envoyer à manger. Pauvre de lui, il oublie que dans de pareille condition psychologique, les organes digestifs fonctionnent au ralenti et que la faculté gustative est hypothéquée par toutes les souffrances mentales.

Où est ma femme ? Où sont mes six enfants ? Où sont mes deux adoptés et deux autres en domesticité que nous considérons comme nos enfants? Car chez nous, il n'y avait pas question de « Bonne à tout faire ou de restavec». Ils sont à la même école que nos enfants, mangent et boivent ensemble avec nous, à la même table, s'habillent comme nos propres enfants et vont à l'Eglise pour s'asseoir à nos côtés, sans différence aucune.

- Non, frère Washner. De préférence, envoyez quelqu'un chez moi pour me prendre ma Bible à laquelle je tiens fortement.
-

Après une heure d'horloge sans réponse, je l'ai appelé à nouveau.

- Pasteur, me dit-il, j'ai envoyé Dieufort sur votre demande. On a déjà pillé et incendié votre maison et votre jeep pajero. Quant à votre femme et vos enfants, nous ne savons ce qu'ils sont devenus.

A cette nouvelle, je fis bonne contenance en masquant toutes mes émotions sous un calme impénétrable.

Maintenant que je n'ai pas d'abri, il me faut trouver un endroit pour dormir. Il est cinq heures de l'après-midi. On va fermer les portes du bureau de l'aviation. Je suis « jobifié » sans pain, sans eau, sans abri, sans parents, sans amis, sans femme, sans enfants, mais pas sans Dieu. Comment donc traverser la Mer Rouge de l'impossibilité ?
- Seigneur, dis-je, tu avais promis de m'envoyer deux avions, où sont-ils ?

Le temps de compter trois secondes, j'entendis le vrombissement de deux avions sur la piste.
- Linda, vite, allez m'arrêter une place à bord du gros avion.

Tandis que je m'approchai de l'aviateur, je l'entendis qui lui répond :
- Il n'y a pas de place. Allez demander au pilote du petit avion.

C'est à ce moment que je me rappelle l'instruction du Seigneur que j'aurai de la place dans le plus petit avion.
J'aborde crânement l'aviateur.
- Puis-je avoir place avec vous ?

- Oui.
- Combien me faut-il payer ?
- Trente-cinq dollars. Montez tout de suite. Vous payerez à bord.

Devinez combien de sièges étaient disponibles ! Un seul. *C'est seulement un mois après que j'ai eu des informations sur les faits.*

Ces deux avions étaient déjà venus au Cap-Haitien, environ deux heures de cela. Au moment d'atterrir à Port-au-Prince, l'un des aviateurs a remarqué qu'il avait oublié de remettre le document qui faisait l'objet de son voyage. Il envoya un message à l'autre aviateur pour lui avouer sa déception et l'enjoindre à revoler en sa compagnie pour le Cap-Haitien.

« Mon cher camarade, je dois retourner immédiatement au Cap-Haitien pour remettre un document confidentiel. Comme la communication est défectueuse en raison du mauvais temps, je vous prie de m'accompagner. Si mon avion se perd en route, vous aurez alors soin d'expliquer ma disparition. »
Fin de citation.

Et maintenant, tandis que l'avion prend de l'altitude, je tourne mes regards vers le Mont Bel-Air. On peut alors voir facilement la Cité Sainte Philomène où s'étageaient pêle-mêle des maisons de toutes structures anarchiques. De là, j'ai vu la mienne en flammes. Quelle horreur ! Pourtant j'en ai souri comme un enfant et dans ma prière j'ai dit :

- Seigneur, si c'est une malédiction, j'ai recours à ta miséricorde. Si c'est un châtiment, j'attends que tu m'envoies par ton courrier les cendres de ma maison et de mon auto, pour me les redonner à tes frais dans mon lieu de séjour ou d'exil.

Savez-vous? C'était un transfert et non un déguerpissement. Mon Dieu est fidèle.
Je suis maintenant à l'aviation civile de Port-au-Prince. J'ai refusé avec beaucoup de dédain de prendre le taxi. J'ai fait la route à pied jusqu'à la ruelle Romain pour avoir l'impression d'emmagasiner en moi toute la terre de mon pays, un pays que j'aime et que je ne reverrai plus.

A la ruelle Romain, docteur Elie Célestin, le frère cadet de ma femme, est venu à ma rencontre.
- On a brulé votre maison, n'est-ce pas ?
- Comment le savez-vous ?
- De Radio Soleil.
- De Radio Soleil ? dis-je. Ma maison est incendiée au Cap-Haitien, aucune station de radio du Cap n'a divulgué la nouvelle, et une Radio de Port-au-Prince la publie avec commentaires ! Sale histoire ! J'ai honte de réfléchir là-dessus.
- Et que comptez-vous faire, pasteur ?
- Partir tout de suite pour les Etats-Unis.
- Alors, il est trop tard pour faire la réservation. D'ailleurs la ligne aérienne ALM avait la veille annulé son vol pour raison d'intempérie. Tous ses passagers iront réclamer une place à bord d'Haïti TransAir. Je vous aurais conseillé d'aller à leur bureau demain matin avant 7.00 heures pour vous mettre en ligne.

Le lendemain, dès la pointe du jour, j'étais devant leur siège, précédé de trois voyageurs comme moi. En quelques minutes, nous étions déjà dix-sept.
Il était 8.00 am. Ce jour-là, l'agent de voyage n'a délivré aucun billet à son guichet et a déclaré qu'il n'y a plus de place. La troisième personne se retira à l'instant. Je n'ai pas bougé dans les rangs. La dame me regarda et, du même coup, elle commençait à trembler :
  - Monsieur, partez tout de suite !

Elle me donna mon billet et me voilà en route vers le ciel de la Floride.
Comment se fait-il qu'elle m'ait préféré aux trois premiers ? Avait-elle ce droit ? Me reconnaissait-elle ? En science politique on appelle cela « Raison d'Etat ». En science théologique on dirait. « Raison de Dieu »
   La doctoresse Edithe Célestin femme du docteur Elie m'avait accompagné jusqu'à la salle d'attente de l'aéroport. Je lui ai remis l'argent qui me restait des 2,000 gourdes en lui demandant de les remettre à ma femme.
C'est alors que j'éclatai en sanglot :
  - Adieu Haïti, terre d'un passé glorieux avec des hommes illustres ! Adieu mes mornes et mes rivières ! Adieu mon peuple que j'aime !

Pour la première fois de ma vie de voyageur, je n'avais pour tout colis qu'un petit chapeau de paille entre les mains et mon passeport.
   A l'aéroport de Miami, un officier d'immigration m'apostropha :
  - Où sont vos bagages ?
  - Je n'en ai pas, monsieur l'officier.

- C'est bien étrange pour quelqu'un qui revient d'Haïti.

Je ne répondis rien. J'avise ma maman de mon arrivée :
- Maman, je suis en vie. Je suis à l'aéroport de Miami. J'arrive tout de suite.

Ma bonne mère !... Ses entrailles la brûlaient comme au temps de ses couches !

Le lendemain, 10 janvier 1991, date de son anniversaire de naissance, le téléphone ne cessait de sonner. Les gens de biens étaient vexés du sort qui m'était fait. D'un autre côté, des perfides ont pris les ondes pour en faire des commentaires malveillants.
- Les pasteurs Renaut et Mariot étaient « déchouqués » parce qu'ils s'étaient immiscés dans les affaires politiques du pays.

Ils innocentaient un prêtre et un autre pasteur pour la même raison qu'ils nous condamnent. En vérité, la politique n'est pas l'affaire des saints pour répéter le ministre Adrien Raymond.

Nous l'acceptions volontiers, car notre Seigneur Jésus-Christ était condamné à la crucifixion parce qu'il n'était pas l'ami de César. « Il se dit roi. Il mérite la mort ». Tous, vous savez que Jésus était mort non pas pour cause politique, mais à cause de nos péchés. Dieu l'avait prévu dans son plan de rédemption comme l'agneau immolé depuis la fondation du monde. Ap.13 :8

Quid de ma famille?
Mon fils ainé Moise était en ville accompagnant sa sœur cadette Alexandra chez le médecin. Les quatre plus petits Esther, Florence, Joan et Ben-Renaut comparaient comme les derniers acteurs de la scène macabre. Les assaillants arrivent, les armes à la main et les narines reniflant le sang, pour demander la tête de Renaut.
- Il n'est pas là, dit ma femme.
- Madame, dit l'un d'eux, nous vous accordons quelques minutes pour prendre vos nécessaires parce que nous allons brûler la maison.

Ma chambre à coucher après le pillage du 8 janvier 1991

Elle a compris le message, car une fois à l'intérieur, elle serait sans défense. Les assaillants les auraient tous calcinés après avoir fait le sac de la maison.

Reboisement à Morne-Casse. La Pajero à droite

La Pajero brulée avec la même jalousie des frères de Joseph pour son habit bigarré.

Elle a profité de ce sursis pour traverser notre salle de prière au sous-sol et déboucher sur un portail qui donnait sur la façade nord de notre propriété. Ce portail était fermé. Elle n'en avait pas la clé.

Avec l'énergie du désespoir, elle empoigna les enfants un par un pour les jeter de l'autre côté de la muraille. Nos bons voisins, les reçurent et les cachèrent sous leur lit. Quand les assassins les cherchaient, aucun d'eux n'a livré mes enfants à leur rage vindicative.

Entre temps, le frère Clotaire Saindor s'est immortalisé par le geste d'un Courtillien Coutard qui aurait pu lui couter la vie : Il montait sur la toiture de notre maison et lançait des pierres contre les assaillants pour les garder en respect.

Dieu l'a béni pour son geste inoubliable car, au moment où je mis les pieds au Cap-Haitien pour la première fois après « mon déchoucage », sa femme accoucha de cet enfant qu'il porte maintenant sur les bras après six années de stérilité. Quelle bénédiction pour un membre loyal !

Clotaire Saindor et famille

Vers le soir, ma femme a pris les enfants pour aller chercher asile chez une parente. Paniquée par l'ampleur de la situation, elle a fermé ses portes sous leur nez. Une dame du même quartier, prise de pitié pour ma famille en détresse, les reçut pour un jour. Le lendemain, le docteur Jocelyn Dortélus est allé les recueillir pour les amener chez mon frère Emmanuel en ville.

Je dois aussi souligner qu'à cette époque, seuls les médecins étaient autorisés à prendre les rues sans coup férir parce qu'on avait besoin d'eux pour soigner les blessés après les «déchoucages »

Grâce à cette immunité professionnelle, il a amené ma famille à Port au-Prince en vue de les soustraire de « l'Abattoir » du Cap-Haitien.

Lorsque ma femme m'en a fait le récit, je me suis rendu immédiatement auprès du Seigneur pour lui faire une demande.

- Seigneur, cet homme a vécu quinze ans de mariage sans avoir un enfant. Sa femme a déjà connu neuf grossesses dont aucune d'elle n'est arrivée à terme. Au nom de ma famille qu'il a protégée, j'implore ta miséricorde pour lui donner un enfant. Au nom de Jésus.

Le même mois, durant mes tournées d'évangélisation à domicile, j'ai été surpris de voir la Sœur Dortélus assise au seuil d'une maison à Miami.
- Quoi ? Toi ici ?
- Oui, dit-elle. Je suis ici depuis deux semaines pour un rendez-vous médical.
- Je ne le savais pas, lui dis-je. Au contraire, j'ai demandé au Seigneur un enfant pour toi. Et même j'ai déjà mis à la poste un chèque en ton

nom pour le bébé qui doit venir. Celle-ci ne sera pas avortée.

La semaine suivante, elle est rentrée en Haïti et mon chèque l'attendait aussi depuis une semaine. C'était la seule enfant qu'elle a eue. La vanne est fermée depuis. Point de vraie couche ni de fausse non plus.

Retournons à nos chevaux. La mort qui n'avait pu m'atteindre par les armes meurtrières d'Haïti me poursuit ici sur d'autres aspects. Les troubles psychosomatiques commencèrent à affecter mon moral ainsi que ma santé physique. Je perds conscience de temps en temps. Les examens de laboratoire n'ont rien révélé d'inquiétant. Un docteur spécialiste consulté me dit simplement :
- Vous avez été traumatisé.

Il n'avait pas besoin de m'en dire davantage. Je pouvais me guérir moi-même. Je m'évade de mon milieu. Je cherche à être utile en aidant des familles et des individus d'une manière ou d'une autre. Je ne rate pas les services de jeûne et de prière pour témoigner de la grandeur de ce Dieu, car s'il n'était pas mon secours, mon âme serait bien vite dans la demeure du silence Ps. 94 :17

Témoignage No. 15
Attentat à Saint Petersburg en 1985

J'habite à Sainte Philomène. Mon travail astreignant de Pasteur, de prédicateur, de professeur, de constructeur, doublé de père d'une famille de six enfants et de deux adoptés, constitue pour moi une carapace très lourde à porter. Et pourtant, je suis un homme comme les autres. Je ne pouvais aller vite, eu égard à ma condition. J'étais obligé d'aller au même pas que Christ. Il ne va jamais à cheval étant donné que le transport le plus commun en Palestine était l'âne en ce temps-là.

J'ai pu aussi remarquer dans mes randonnées pédestres que Jésus ne va pas vite mais il n'est jamais en retard. Voilà pourquoi je fais toujours route avec lui. Aussi me voit-il de très près.

Dans le froid de l'indifférence des hommes, il me couvre. Au milieu de la tempête de leur révolte, il m'abrite. Dans ma faim et soif de la justice, il me rassasie. Au milieu de la fournaise ardente des complots, il m'apaise sous la nuée de sa grâce et de sa protection. Dans la fosse aux lions des jaloux pour me dévorer, il est le Lion de la Tribu de Juda avec le pouvoir d'empêcher un massacre. Et même quand je marche dans la vallée de l'ombre de la mort, je ne crains aucun mal, car son épée à deux tranchants est invincible pour me défendre et me rassurer. Et voici une autre page de ma vie :

Un après-midi, j'ai laissé Port-au-Prince à bord d'Eastern Airline à destination de Miami. Au soir, j'ai pris le bus pour me rendre à Séminole. Il était une heure du matin quand on m'a déposé à la gare de Saint Petersburg. J'ai appelé pour qu'on vienne me chercher. Un jeune homme très espiègle, m'observait de loin.

Ayant remarqué que tout dans mon style révélait les traits d'un étranger, il est venu m'aborder dans une conversation qui n'avait rien d'amical ni de provoquant. De temps en temps, il voulait tirer quelque chose de son sac, mais en vérité, je ne savais ce qui l'en empêchait. Je commençai alors à jouer dans son esprit.

- Allez-vous voyager à bord de l'autobus ?
- Non, répondit-il. Point du tout.
- Et qu'êtes-vous venu faire ici à pareille heure ?

Le temps pour lui de me répondre, il se voit encadré de deux officiers de police dont la mine rébarbative, en harmonie avec leur stature géante, vous enlève toute velléité de résistance. C'était assez pour faire comprendre à mon interlocuteur qu'il devait abandonner son jeu pour aller prendre siège dans l'autobus.

- All right! disaient les deux policiers dans un duo tonitruant.

Qu'il fût passager en transit ou un gangster, Dieu seul sait. Mais le chauffeur du bus Greyhound, ayant suivi de près le scenario, avait alerté automatiquement le Département de police.

Sachez que les anges sont tous des esprits au service de Dieu ; ils s'incarnent dans n'importe qui pour exercer un ministère en faveur de ceux qui doivent obtenir une délivrance. Hé.1 :14

Si le malin vient vous attaquer, il veut seulement connaître du Dieu qui vous garde l'infinie grandeur de la puissance, se manifestant par la vertu de sa force. Ep.1:19

Témoignage No. 16
Attentat à West Palm Beach

Un incident pareil s'était produit en juin 1991. J'étais à New York pour quatre jours sur l'invitation de mes amis Dieudonné et Eva Alfred en vue de présenter des conférences dans leur congrégation.

Après un séjour éreintant, j'ai pris le vol de dix heures du matin pour retourner à West Palm Beach, mon port d'attache à ce moment-là. Tandis que je me tenais à Mercer Street, au carrefour de Belvédère et du chemin de fer, un homme est venu se planter devant moi et commençait à engager une conversation tellement louche que je ne peux me rappeler de rien.

Là encore, je commençai par jouer dans son esprit. J'entends par là que je cherchais à le distraire. Rien de magique en tout cela. L'instant d'après, une voiture de police s'arrêta. En une fraction de seconde, l'officier empoigna l'homme, le frappa contre sa voiture, lui enleva l'arme tranchante, le jeta comme un sale colis sur le siège arrière et il détala. En un rien de temps, l'espace était occupé par des voitures de police pour assurer ma sécurité jusqu'à l'arrivée du pasteur Amos Myrtil averti pour venir me chercher.

Il ne sommeille ni ne dort celui qui garde Israël. Ce que la compagnie d'assurance de vie ne peut faire, mon Jésus l'a fait : En lui est la vie et la vie est la lumière des hommes. Il a fait pour moi au-delà de mes espérances. Il a voyagé avec moi pour garder mon départ et mon arrivée à ses frais. Ps.121 : 6 ; Jn.1 :4
Que son saint nom soit béni !

Témoignage No. 17
Attentat à Redford en 1992

Quelques mois après le déluge de sang du mardi 8 Janvier 1991, Dieu envoya le Révérend Docteur Mariot Valcin en voyage de reconnaissance au Cap-Haitien. Dans son message à Redford, il leur a annoncé ma visite prochaine.
- Je suis votre parrain. Attendez votre père. Il arrive incessamment.

Cependant, Redford n'était pas la seule à m'attendre. Le jour de mon arrivée inattendue était salué par une salve de louange au Dieu de ma justice.
Vers le soir, on organisait à mon intention un service exceptionnel. Il était semble-t-il, préparé de longue main. L'Eglise était remplie à craquer. Chants de dédicace, morceaux favoris et discours de circonstance accompagnés de bouquets de fleurs, tout cela aux yeux d'une assemblée compacte et pétillante de joie.

Enfin, arriva mon tour de prendre la parole. Ils étaient tous suspendus à mes lèvres. Le comble après cette cérémonie, était que tout le monde voulait me toucher comme Thomas dans l'expérience avec Jésus après sa résurrection.
Une vieille dame m'a même mordu pour s'assurer qu'elle m'a réellement touché.

Mais au milieu de cette euphorie populaire, où j'étais pressé de tout côté, le frère Pierre Jean fit une détente magistrale pour disperser la foule autour de moi.
- Rompez, dit-il. Rompez. Le pasteur a besoin d'air. Ecartez-vous ! Ecartez-vous !

Ils ont obéi à grand peine. Mais quelle était la raison de son intervention impromptue ?

Quelqu'un dans cette foule devait ronger son frein. Là, au milieu de ce grouillement d'hommes, un intrus était en passe de me poignarder. Prompt comme l'éclair, Pierre Jean l'a intercepté.

Depuis lors, sa perte était signée. Le bandit et ses acolytes ont juré de se débarrasser de lui pour m'atteindre plus facilement. Ils ignorent que je suis caché sous l'abri du Très-Haut. A cette hauteur, aucun fléau n'approchera de ma tente. Dieu m'a rendu invisible aux yeux de mes ennemis.

Le chrétien a plus que la chance : il est béni. « Rien ne saurait nuire à celui que Dieu veut protéger », disait Thomas A Kempis dans son ouvrage « L'Imitation de Jésus-Christ ».

.

Témoignage No. 18
Sous Une Cloche De Verre à Winter Haven

Dans l'année 1998, l'Eglise Peniel a déployé une expédition missionnaire à Winter Haven. De deux heures de l'après-midi jusqu'à dix heures du soir nous avions passé la ville au peigne fin en prêchant et en témoignant de notre foi au Seigneur Jésus. A la fin nous étions exténués.

Le pasteur de l'Eglise l'a bien remarqué mais il nous confia quand même son regret de ne pas nous avoir introduits à une sorcière professionnelle, pour qu'elle entende d'autres voix lui prêcher l'Evangile.

- Présenter l'Evangile à une sorcière ? Je ne suis plus fatigué ! Et vous camarades ?
- Nous non plus, disent tous en chœur. Allons-nous-en !

Vingt minutes plus tard, nous étions déjà chez le Diable incarné. Elle nous racontait toutes sortes d'histoires sur ses tentatives de conversion. Finalement, elle nous a permis de prier dans son péristyle au nom de Jésus. Nous n'en demandions pas mieux.

- Prions Dieu, mes frères, dis-je.

Au moment où ce grand nom était prononcé, que j'allais commencer ma prière et que nos humbles frères courbent la tête en signe de révérence au Dieu Tout-Puissant, dans une nanoseconde une cloche de verre translucide est descendue et nous emboitait tous. Notre groupe de seize était ainsi protégé, tandis que la sorcière en était tenue à l'extérieur.

C'est alors que j'ai compris le mystère de la nuée qui couvrit Israël dans le désert. Lorsque Dieu vous protège, il chasse Satan tandis qu'il vous entoure par derrière et par devant et qu'il met sa main sur vous. P.139 :5

L'enchantement ni la divination ne peut rien contre Israël. Nob.23 : 23

Témoignage No. 19
La Mort En Suspens

Un lieutenant du palais national. - a juré de me cribler de balles pour avoir cassé les deux jambes de sa mère, une institutrice dans une école primaire de Port Margot. Cet accident est survenu à Morne Rouge en face de la clinique du Dr. Cébien Alexis, un grand matin de juin 1988.

A la vérité, cette mésaventure a eu lieu par sa pure imprudence : elle a traversé la route au moment où la vue était obstruée par un camion en stationnement. Ma voiture l'a heurtée de plein fouet pour la catapulter dans un canal. Elle en était sortie avec les deux jambes fracturées. La dame était âgée de soixante-cinq ans. Je l'ai transportée d'urgence à l'hôpital Le Bon Samaritain du Limbé pour tous les soins à mes frais.

Je me suis adressé personnellement au docteur Hodges pour lui demander de la soigner à ma charge.
- Docteur, recevez s'il vous plait cette somme de 500 gourdes pour ses besoins personnels. A son exéat, je règlerai les frais médicaux que son cas aurait réclamés.

Avant de regagner le Cap, je me suis offert pour faire les achats qu'elle comptait effectuer en ville. J'obtins d'elle de préférence le nom et l'adresse de son fils au Cap-Haitien pour le mettre au courant de l'accident.

Le bruit court maintenant qu'un autre fils, lieutenant au palais national, ayant appris cette nouvelle, a déjà pris la Nationale no. 1 pour venir et réduire en mille morceaux la personne qui a heurté sa mère.

Inutile de vous dire que j'en étais indigné. Après avoir agi avec loyauté, en suivant la dictée de ma conscience, je me sens fort comme un jeune lion.

Je n'ai pas appris à fuir l'adversité ; bien au contraire, Jésus m'a appris à l'affronter.
Cependant, en vue d'éviter à ma famille un spectacle horrible de ma mort par balle ou mauvais traitement, je me suis rendu d'office au chevet de la patiente à l'Hôpital Le Bon Samaritain.

- S'il doit me tuer, que ce soit en présence de sa mère.

En entrant dans la chambre de la patiente, j'ai vu l'homme en uniforme dressé comme un palmier. Sans sourciller, j'ai embrassé « ma victime » et pressé la main à mon éventuel bourreau.
Sans me donner le temps de parler, la patiente a pris tout son courage pour témoigner en ma faveur. Et voici sa déclaration.

- Cet homme qui m'a heurté est un chrétien. Il lui était impossible de m'épargner. La vue était obstruée par un véhicule stationné au bord de la route. En voyant deux voitures passer, je ne pouvais croire qu'il y aurait une troisième. J'ai pris la chance de traverser et c'était pour mon malheur.
- Il m'a traitée comme sa mère, continua-t-elle. Au lieu de m'envoyer à l'hôpital Justinien qui était plus près, il a préféré m'amener ici, là où les soins étaient plus sûrs. Il n'a pas agi en délinquant, croyez-moi ; il a pris soin d'alerter

mes enfants et a pris tout à sa charge à l'hôpital.

Et voilà comme Dieu m'a rendu justice selon ma droiture, selon la pureté de mes mains. Ps.18 :25
J'étais muet comme une taupe. Après une heure d'horloge passée en sa compagnie, voyant que les balles ont tardé à chanter, je les ai salués de la même façon avant de tirer la révérence.
Que l'innocence et la droiture me protège car je mets en toi mon espérance. Ps.25: 21

Témoignage No. 20
Le Cas D'agression Verbale De J. S.

Il s'agit ici de l'un de mes clients. Cet homme de l'envergure de Samson était un Américain blanc de bon aloi et d'une éducation raffinée. Sa condition de toxicomane lui a enlevé la capacité de jouir de toutes ses facultés. Il va déambuler d'une maison d'accueil à l'autre pour être enfin refusé par elles toutes. D'ordinaire, il vient à mon bureau cinq minutes avant l'heure de la fermeture pour solliciter des services qui absorberait une heure de mon temps.

Ce jour-là, il est venu pour que je lui trouve un logement. Je parvins, après maintes sollicitations, à lui faire de la place dans une maison d'accueil et comme il ne disposait pas de moyen de locomotion, j'ai dû le mettre à bord d'un taxi.

Le lendemain en consultant ma boite vocale, le premier message que j'ai entendu était sa voix enregistrée dans un ton agressif :
- Renaut, vous êtes un criminel. Vous n'auriez pas dû me mettre là, à Salvation Army. Si j'étais sûr de trouver un bon avocat, je me rendrais à votre bureau pour vous loger une balle à la tête.

Quand j'ai communiqué le message à mon superviseur, elle en était vivement touchée et m'a demandé de le rayer à l'instant de ma liste. Il sera dès lors laissé pour son compte.
- Jamais, dis-je. Aider quelqu'un à demi c'est autant dire qu'on ne l'a nullement aidé. C'est à

lui de refuser mon service, mais pas à moi de le rejeter.

Quelques jours après, il vint à mon bureau, cette fois-ci, un grand matin. Tous les employés s'étaient retirés dans leur bureau qu'ils ont fermé à double tour pour raison de sécurité. Je me suis rendu seul à la salle d'attente pour rencontrer mon agresseur. Avant qu'il eût le temps de dégainer ses sottises, je l'affrontai en ces termes :

- Mon devoir ici me recommande de vous donner à manger, de vous loger, de vous assurer le transport, de vous remettre aux soins des meilleurs médecins et tout cela pour assurer votre bien-être. Voilà ce que je fais pour vous depuis quatre ans pour vous conserver la vie. Pour lequel de ces services allez-vous me tuer ? Tuez-moi maintenant. Je suis prêt pour recevoir votre balle.

Il était si confus qu'il m'embrassa sans mot dire. J'ai laissé ce travail deux ans après. Je reste inoubliable dans la mémoire de cet homme et de tout le staff.

Mes jours sont dans la main de l'Eternel. Ils sont tous comptés avant qu'aucun d'eux n'existât. S'Il a compté toutes les étoiles pour leur donner à toutes des noms S'Il a compté tous les cheveux de ma tête, un seul ne tombera sans sa permission.
Ps.139: 16; Ps.147:4; Mt.10:30

Témoignage No. 21
Tentative D'assassinat Par Erreur Médicale

Le matin du 12 avril 2005, après une nuit d'insomnie, j'étais essoufflé à la suite d'une angine de poitrine. Dieu m'a accordé la conscience de mes mouvements pour appeler l'ambulance. J'étais admis à l'hôpital Florida Medical Center à Fort Lauderdale.

L'examen électrocardiogramme répété a confirmé une crise cardiaque mineure tandis que la radiographie a aussi révélé qu'une plaque a obstrué mon cœur.

Deux techniciens sont venus auprès de moi pour me dire que deux options seront considérées. L'une, c'est de négliger cette plaque et de me greffer un «pacemaker», un cœur artificiel. L'autre c'est qu'on va me faire le cathétérisme cardiaque pour enlever la plaque. « Entre deux morts», me fallait-il choisir la moindre? J'ai choisi de ne pas choisir. De préférence, j'ai envoyé un télégramme au Seigneur.

- Seigneur mon Dieu, me voici dans un endroit où je ne connais personne. Descends toi-même avec ton staff médical pour réparer mon corps. Quand tu en auras fini, aie grand soin de me le remettre. Souviens-toi que j'ai fait cette demande au nom de Jésus-Christ.

Depuis lors, j'ai refusé tout médicament. En fin de journée, une infirmière vint m'offrir un somnifère car je n'ai pas dormi depuis trente jours. J'ai refusé entièrement.

- C'est très gentil de votre part ; mais je suis désolé car j'ai déjà appelé mon médecin.

Je restai éveillé toute la nuit pour converser avec Christ.

D'habitude, quand je suis interné à l'hôpital, je trouve que c'est le meilleur moment pour moi de regarder, non pas au plafond qui me limite, mais plutôt au plafond du ciel. Ainsi je n'ai pas affaire au docteur et à son staff, mais je suis plutôt préoccupé avec Christ, mon docteur. C'est pourquoi leurs diagnostics ne m'ont jamais effrayé.

Le lendemain 13 avril à cinq heures précises du matin, j'ai vu de mes yeux un bras d'environ trente-six pouces de long. Il s'est détaché et s'était appliqué sur mon front. Christ l'a fait vibrer sur moi de la tête aux pieds et ce bras a disparu dans le plafond de l'hôpital.

Cette intervention n'a duré que trois secondes. Immédiatement le sommeil m'envahissait. On vint me réveiller à huit heures. Je me vis alors entouré de gens en vêtements blancs. C'est alors que j'ai conscience d'être encore à l'hôpital. Ce n'étaient pas des anges. C'étaient les infirmières affectées à la préparation de mon Cardiaque Cat. Après une demi-heure d'intervention chirurgicale que j'ai suivie de mes yeux, le technicien me dit :

- Monsieur Pierre Louis, on n'a pas vu de blocage dans votre cœur.

Delà, ils firent diligence pour envoyer les résultats à mon médecin de famille. Quand j'ai demandé à celui-ci la raison de cette opération, il m'a déclaré :

- Votre cœur allait s'arrêter d'un moment à l'autre. Voilà pourquoi le spécialiste en cardiologie a anticipé sur son horaire régulier de 2.00 heures pm pour venir vous opérer ce matin à 8.00 heures. Il a voulu par ainsi vous épargner d'une mort certaine.

Tous ils ignoraient que leur docteur était venu avec trois heures de retard, car à 5.00 du matin, très précises, le Seigneur avait déjà signé mon exeat.
- Maintenant, continua-t-il, voici votre prescription. Vous me verrez dans quinze jours pour des examens de laboratoire.

Ma liste comprenait les médicaments suivants :
Lipitor, Lisinopril, Protonix, Metropolol, Flavix, et l'aspirine 325 mg.
A mon prochain rendez-vous médical, la première question du docteur était celle-ci:
- Avez-vous pris le Lipitor?
- Non, docteur.
- En ce cas je ne peux vous faire d'examen de sang.

J'ai donc commencé avec le Lipitor. Deux pilules seulement allaient suffire pour m'expédier dans l'autre monde. J'ai prié le Seigneur en lui demandant que faire.
- Prenez dit-il, un thé d'ails et de girofles.

Après deux gorgées, j'en étais soulagé.
Arrivé à la maison, j'ai pris le Lipitor. Maintenant je perds conscience à chaque quinze minutes d'intervalle. Je vais encore trouver le Seigneur.
- Seigneur, me revoici devant toi pour le même cas. Que faut-il faire?

- Allez vous faire appliquer un pansement intestinal, m'a-t-il dit.

Ce traitement consiste en du jus de citron additionné d'une pincée de sel de cuisine qu'il faudra prendre à raison d'une cuillère à soupe à chaque quart d'heure d'intervalle. Après trente minutes, qu'on prenne deux gorgées d'eau pour la réhydratation, ainsi de suite.

Cette fois encore, Dieu m'a récupéré. Le lendemain, le frère Martin Bellamour m'a appelé d'Haïti pour me demander si je suis malade.
- Oui, frère Martin. Depuis plusieurs jours.
- Je comprends maintenant, dit-il. Car le Seigneur m'a demandé de vous appliquer un bain parce que vous êtes dans un grand trouble.

Après la prière de frère Martin, j'étais guéri. Mes oreilles étaient sensibles au moindre bruit. Le cœur était aussi agité. Il n'en fut rien depuis.
Ce jour-là, j'ai pris moi-même le volant pour conduire sans émotion depuis ma maison jusqu'au bureau de poste.
Le docteur gastrointestinal auquel mon médecin de famille m'avait référé, blâme le Lipitor et me fait plutôt deux interventions : l'endoscopie et la colonoscopie. Les deux n'ont révélé aucune anomalie. Quand je suis allé voir mon cardiologue, je lui ai demandé ses opinions sur mes médicaments, spécialement sur le Lipitor, il me dit carrément qu'étant cardiologue, il ne peut se mêler de cette affaire. Ainsi dans mon doute, je me suis abstenu du Lipitor et de tous les autres.

Quand je suis retourné chez ce cardiologue, il me demande si j'ai pris les médicaments.
- Non, docteur.
- Quoi, vous ne les prenez pas? Ne voyez-vous pas l'état de votre cœur? S'il en est ainsi, allez et mangez tout ce que vous voulez !

C'était ma condamnation à mort.
Mon médecin de famille a appelé ma femme pour lui dire :
- Vous m'aviez dit que votre mari ira en mission. S'il persiste dans son incrédulité, au moment où il s'engage dans la passerelle de l'avion, dépêchez-vous de contacter l'entreprise des pompes funèbres la plus proche pour des arrangements funéraires en sa faveur.

Quelle insulte!
En ce temps-là, mes nuits étaient des heures de veille. Je n'en disais rien à ma femme pour éviter la panique. Mais à la fin je me suis adressé au Seigneur en sollicitant de lui une réponse directe et précise.
- Seigneur, je suis disposé à te joindre là-haut, mais si c'est ta volonté que je reste encore sur cette planète, veuillez me le faire savoir dès maintenant. Il était 2.00 heures du matin.

Dix minutes plus tard, j'entendis un bruit assourdissant d'orage et tous les feux de la maison étaient éteints pour se rallumer ensuite.
A ce moment, j'ai entendu la voix de quelqu'un dans la maison. J'étais interloqué. Imaginez qu'il n'y avait là

que ma femme et moi, qui est donc celui qui parle si fort et si haut ?

J'ai fait un tour dans les chambres en m'avançant avec précaution. Quelle n'était ma surprise de découvrir un appareil de télévision qui s'est mis à émettre un programme tout seul, sans le secours d'aucune main! Laissez-moi vous expliquer.
Nous avons ce TV relégué dans un coin depuis plus de six mois pour la simple raison que le bouton du rhéostat était arraché. Quand il faut l'allumer, on doit y insérer une touche longue jusqu'au fond. Finalement, il n'obéit plus à ce procédé. Ce coup de tonnerre l'avait remis en service.

C'était la réponse du Seigneur. Il voulait me dire par-là que ma vie est comme cet appareil en panne. Seule une intervention d'en-haut peut la remettre en service.

Suivez-moi bien : La semaine suivante, Un pasteur m'a appelé du Canada pour confirmer une semaine de conférences planifiées avec lui depuis neuf mois.
J'ai demandé au Seigneur le feu-vert pour ce déplacement. Il m'a agréé. Me voici en route pour le Canada. Jamais voyage n'a été si bien réussi. Jamais réveil n'a produit tant de fruit dans le pays de Montcalm et de Jacques Cartier.

- Mon Eglise a fait un virage de 180 degrés, a témoigné ce pasteur.

Le séminaire pédagogique avec LA TORCHE BRULANTE comme littérature chrétienne de base a révolutionné l'enseignement à l'Ecole du dimanche. L'intérêt devient sans cesse croissant. La Congrégation a triplé autant que les recettes.

Suivez-moi de plus près : En juillet 2006, je pars pour dix jours de séminaire en Israël. Je ne porte avec moi aucun remède. Le nom de Jésus constituait mon seul hôpital, ma seule prescription et ma seule pharmacie.

Quand ma femme me demandait pour mes médicaments, je lui disais que la Palestine était le centre pharmaceutique du Seigneur Jésus. Il avait la guérison dans les étagères du Père céleste mais pas de pharmacie.

A mon retour, je suis allé voir mon cardiologue.
- Docteur, vous m'aviez prescrit de manger tout ce que je voulais. J'en ai fini. Et maintenant, vous allez me dire ce que je dois boire.
- Mon cher, vous êtes bien. Tout est normal. Si vous avez besoin de moi, revenez.
- Merci, docteur. Tout cardiologue que vous soyez, le jour où vous aurez besoin d'un docteur sérieux pour vous-même et pour vos patients, vous feriez bien de consulter Jésus-Christ, mon médecin. Au revoir.

A la sortie, je m'en prends avec le Seigneur.
- Seigneur, Que cette scène soit la dernière.

Avril 2005 ! Nous sommes maintenant en 2023. Ebenezer ! Jusqu'ici l'Eternel m'a secouru !

Au fait, qu'est-ce que j'avais ? Juste une crise d'indigestion. La prescription du Seigneur m'avait couté moins de 50 centimes : Avec quelques clous de girofles et d'ails, une cuillerée de jus de citron et une pincée de sel, le Seigneur a réduit en un tas de chiffon tous les diplômes des médecins.

Que Dieu soit reconnu pour vrai et tout homme pour menteur afin que tu sois trouvé juste dans tes paroles. Ro.3:4

Témoignage Mo. 22
Vandalisme à Lauderdale Lakes

Qu'est-ce que ce cas vient faire là ? Y avait-t-il quelque menace à ma personne ? Il faudrait en ce cas, m'accompagner dans mon sport matinal.

Le matin du 31 Aout 2013, j'ai pris ma bécane pour faire du cyclisme dans un petit parc aménagé pour ce genre de détente par l'édilité de Lauderdale Lakes. Au moment de m'engager sur la piste, je me voyais entouré de quatre jeunes garçons d'environ 20 ans.

Dans ma déformation professionnelle, je me surpris à leur faire la morale.

Imaginez que nous vivons dans un pays d'opportunité, que nous pouvons investir notre énergie et nos talents dans l'apprentissage d'un métier. Imaginez que le nègre est le stéréotype de la paresse, de la vie facile. Il est temps de faire disparaitre cette image sombre dans notre témoignage.

- Retournez à l'école, chers jeunes. Vous avez tout l'avenir devant vous. Il n'est pas trop tard.
- Il parait que vous voulez nous prêcher ! Laissez-moi vous dire que les professeurs, les prêtres et les pasteurs, sont tous responsables de nos misères. L'Ecole n'a rien changé dans la vie de personne. Le mieux est de nous livrer au gangstérisme.
- Cela dépend de quel genre d'école vous fréquentez, de votre détermination pour réussir et de votre conception de l'avenir.

Tandis que la conversation se poursuit, l'un bloque du pied droit la roue avant de ma bicyclette tandis qu'un autre très corpulent passe par derrière. Il n'y avait rien d'extraordinaire pour intimider le Lion de la tribu de Juda. Je ne savais comment j'ai pu les assujettir. Et pourtant j'ai poursuivi la conversation en gardant le dernier mot avant de me retirer.
Le lendemain vers les trois heures de l'après-midi, ma maison était cambriolée.

Ce jour-là, ma femme et moi, nous avions laissé l'Eglise, chacun dans notre voiture respective. Elle m'a précédé d'une distance de trois kilomètres.
Arrivée à la maison, elle a pu constater que tout était en place sauf notre lit où s'étalaient pêle-mêle tous ses bijoux. Quand elle m'a appelé, je lui disais de ne rien y toucher jusqu'à l'arrivée de la Police pour le constat.

L'officier arrive en même temps que moi. Il n'a pu observer aucun dérangement.
- C'est étrange, dit-il. Laissez-moi faire un tour dans toute la maison.

Après quoi, il conclut :
- C'est bien étrange ! Votre Flat Screen TV est là au salon, votre laptop est là sur votre bureau ! Généralement, les cambrioleurs ne vont qu'après ces choses, outre l'argent et les bijoux.

Il appelle à l'aide un autre agent de police. Les deux se mirent à commenter cette intrusion.
- C'est bien étrange, renchérit-il.

Ils appellent un troisième agent de police. Celui-ci me fit la question.

- Au fait, qui êtes-vous?
- Serviteur de Dieu.

Entre-temps, un voisin s'amène pour déclarer qu'il avait vu deux jeunes garçons laisser la maison dont l'un emportait une boite noire.
C'était un coffre-fort que ma fille m'avait donné. Il était vide ! Après avoir emporté ce coffre-fort et ces bijoux que ma femme n'avait jamais portés, les voleurs n'avaient aucune intention de perdre leur temps. Se croyant riches, ils ont pris la fuite pour aller partager leur butin. Pourtant, ce coffre-fort était vide !
Les empreintes ont révélé les auteurs du vol. On nous demande si nous sommes disposés à faire des poursuites.

- Non, monsieur l'officier. Nous n'avons rien perdu. Ce qui nous reste est exactement ce que le Seigneur avait voulu nous conserver. Nous espérons seulement une relance dans l'économie américaine pour que ce quartier résidentiel ne soit plus infesté de sous-locataires sans éthique pour la paix d'esprit et le plus grand bien des résidents.

Ce n'était ni ADT, ni Brink, ni ADAP… qui gardaient la maison.
Si l'Eternel ne garde la maison, ceux qui la gardent veillent en vain. Il ne sommeille ni ne dort celui qui garde Israël. Ps.121:4

APPENDICE

Témoignage No.23
En Péril Parmi Les Faux-Frères

J'allais négliger ce témoignage croyant qu'en le divulguant, j'aurais scandalisé l'Eglise. Malheur, dit Jésus, à celui qui commet un scandale. Cependant, j'ai changé d'avis quand je me réfère à cette déclaration du Seigneur:
- Vous n'êtes pas tous purs. Jn.13:10.
- Plus loin, je l'entendrai dire:
- -N'est-ce pas moi qui vous ai choisis. Et pourtant l'un de vous est un démon. Jn.6:70
- En vérité, je vous le dis, l'un de vous me trahira. Mt.26:21

Paul parle de certains membres de l'Eglise de Corinthe qui, se nommant frères, sont impudiques, ravisseurs, adultères et qu'il ne faut pas les fréquenter. On ne doit pas prendre un repas en leur compagnie. 1Co.5:11-13

Il cite encore le nom d'Alexandre le forgeron qui lui avait fait beaucoup tort. 2Ti.4:14
L'apôtre Jean a mentionné Diotrèphe dont il promet de rappeler les mauvais agissements. 3Jn.9-10
Jude arrive jusqu'à dire qu'on doit haïr jusqu'à la tunique souillée par la chair de certains hommes. En d'autres termes, on doit refuser de leur serrer la main. Jude 23

Il est donc temps de démystifier la vérité biblique pour ne pas tolérer des vices et des vicieux dans l'Eglise sous prétexte d'amour et de miséricorde alors que notre Dieu d'amour est aussi un Dieu de justice, un feu dévorant pour détruire les rebelles. He.12 :29 Cette clarification étant faite, je peux prendre la liberté de partager avec vous mon témoignage.

Le pasteur titulaire de l'Eglise dont je suis membre, est mis à la retraite. Il va faire la comptabilité de ses jours et de ses biens dans un pays étranger.

Dominé toujours par un sentiment paternaliste auquel il est habitué depuis octobre 1954, à la faveur du cyclone Hazel, il lui était difficile d'accepter la transition d'un ministère copieux à une retraite au confort incertain.

En effet, toute sa vie, depuis cette date jusqu'à son départ, était consacrée à recevoir de l'étranger des ressources en nature et en espèces pour un peuple sinistré. C'est ainsi qu'il arrive à développer une sensibilité maladive pour les pauvres de toutes les Eglises sous sa juridiction.

A son départ, il a chargé certains frères de la mission d'investiguer sur le comportement des pasteurs. Sans le vouloir et peut-être sans le savoir, il a mis les pasteurs en charge en « résidence surveillée ». Tous leurs faits et gestes son épiés, notés et rapportés à ce patron, père et pasteur. D'un autre côté, cette attitude engendrent des flatteurs qui recevaient de lui quelques sous ainsi que des méchants prêts à vous dévorer à la moindre alerte.

Tout cela était pour éclairer votre lanterne avant de vous inviter à descendre avec moi dans le labyrinthe de la confusion administrative dont je fus héritier.

J'avais à ma charge L'Eglise Baptiste Redford, l'asile Béthesda et trois stations satellites : Pont Grand Bois, Champin et Mapou. Toutes mes décisions étaient sanctionnées par le patron. Il me suffit de descendre de la chaire dimanche matin pour que cinq jours après, je reçoive des commentaires ou des observations de Vancouvert.

Un beau jour, après une affaire de sorcellerie dont était coupable un diacre de la station Mapou, nous avons pris la disposition de le déposer.

Deux semaines plus tard, c'était la moisson dans l'endroit. Le groupe chantant dirigé par la sœur Jacqueline Calixte m'a précédé sur les lieux pour assurer l'enseignement à l'Ecole du Dimanche. Quelque dix minutes avant le service d'adoration, cette sœur me glissa adroitement une petite note par laquelle elle me suppliait, au nom de Jésus, de ne pas monter en chaire. Elle me regarda avec pitié sachant que ma perte était déjà résolue.

Quand vint l'heure de débuter le service d'adoration, je gardais calmement mon siège. Un diacre monta en chaire pour présider et après un simulacre de service, il en descendit en baragouinant ses mots de bénédiction.
Aucun message n'était délivré ; aucune moisson n'était ramassée.

Quand j'ai laissé l'enceinte, Jacqueline m'a montré sur le côté extérieur droit de l'Eglise une pile de bâtons et de pierres préparés pour m'assommer.
J'ai laissé l'endroit en souriant et sans mot dire.
Si l'Eternel n'était pas mon secours, mon âme serait bien vite dans la demeure du silence. Ps.94:17
Quelque mois après, ce missionnaire est entré en Haïti et, sans m'avertir de sa visite, il est venu chez

moi pour me faire, en présence de ma femme et à la face du ciel cette déclaration sombre et effrayante :

« Tous les problèmes que vous aviez eus à Mapou, c'est moi qui vous les avais créés. J'ai utilisé pour cette besogne le frère AN et le frère TL.

Après l'avoir entendu, j'ai observé un silence froid sans rien lui répondre. A la fin il s'est retiré comme il était venu.

Je ne finirai pas sans vous dire que chacun a son étoile. Je suis né pour vivre et mourir comme tous les mortels. Ce n'est jamais par bravade que j'ai dit à mes assassins :
- Je suis une victime mais pas pour votre holocauste. Si vous voulez, vous pouvez essayer. S'il dépendait de vous de me tuer, ce serait à moi de vous l'annoncer. Dieu me l'aurait dit d'avance. Ce n'est pas à vous d'en décider, mais mon Père. Tous les cheveux de ma tête sont comptés. Mt.10:30 Je vaux plus que beaucoup de passereaux. Mt.10 :31
Il donne des hommes à ma place. Il a payé tellement cher pour moi qu'il n'est pas disposé à me perdre aisément. Es.43: 4 Il me conduit donc dans les sentiers de la droiture et de la justice à cause de sa réputation. Ps.23: 3

Il a plus à gagner en moi que moi en moi-même car il a beaucoup investi en moi : Son nom, son sang, sa renommée d'époux fidèle, tout pour son ciel de gloire... Allons donc !

Il m'aime comme un joyeux précieux
Du diadème qu'il porte aux cieux.
Sa vie éternelle, il la partage avec moi.
Sa gloire immortelle, il l'offre à ma foi.
Jésus, Jésus, qui peut sonder ton amour ?
Jésus, Jésus, je t'aime en retour. CE.36 SA.535

Amis lecteurs,

Vous venez d'accompagner Jésus-Christ, le Lion de la Tribu de Juda dans les grandes batailles pour protéger un homme de la même nature que vous. Vingt-trois fois champion ! Il a décoché vingt-trois médailles de Diamant dans ma vie ! Et comme il me l'a dit : « Votre vie est une interprétation du Psaume vingt-trois ».

Si ce livre a pu toucher votre cœur, partagez-le avec les sceptiques, les incrédules et les peureux. Dites-leur que vous êtes un fils légitimé de Dieu. Votre acte d'adoption est signé avec le sang de Jésus-Christ à la croix du Calvaire. L'original de votre vie est caché avec Christ en Dieu. Quant à la photocopie qu'il voit aujourd'hui, c'est Christ qui la gère. Il produit en vous des œuvres pour vous rendre semblable à lui. Col.3:3

Quant à votre adresse c'est bien celle de votre Père qui est aux cieux. C'est là votre destination finale. Faites donc le serment de maintenir votre statut de résident dans sa maison jusqu'à la fin de vos jours. Ps.23: 6

Table des matières

AVANT-PROPOS 12

TEMOIGNAGE NO. 1
ASSASSINAT PAR STRANGULATION 13

TEMOIGNAGE NO. 2
ASSASSINAT PAR EMPOISONNEMENT 15

TEMOIGNAGE NO. 3
ASSASSINAT PAR EMPOISONNEMENT 17

TEMOIGNAGE NO. 4
SUR LA SELLETTE A CAUSE DE JESUS-CHRIST 19

TEMOIGNAGE NO. 5
TENTATIVE D'ASSASSINAT MANQUEE 34

TEMOIGNAGE NO. 6
COMPLOT MEURTRIER DES COMMUNISTES
BOURGEOIS DU CAP-HAITIEN 39

TEMOIGNAGE NO. 7
ASSASSINAT PAR LAPIDATION 44

TEMOIGNAGE NO. 8
ASSASSINAT AVORTE 46

TEMOIGNAGE NO. 9
ASSASSINAT DEJOUE 49

TEMOIGNAGE NO. 10
LE PLAN DE M. ÉCHOUE. JUILLET 1987 53

TEMOIGNAGE NO. 11
TENTATIVE D'ASSASSINAT AVORTEE 55

TEMOIGNAGE NO. 12
ASSAUT PAR LAPIDATION PAR LES AFFIDES
DU DOCTEUR X 58

TEMOIGNAGE NO. 13
ASSASSINAT RENVOYE 62

TEMOIGNAGE NO. 14
L'HOLOCAUSTE DU 8 JANVIER 1991 68

TEMOIGNAGE NO. 15
ATTENTAT A SAINT PETERSBURG EN 1985.............. 118

TEMOIGNAGE NO. 16
ATTENTAT A WEST PALM BEACH 120

TEMOIGNAGE NO. 17
ATTENTAT A REDFORD EN 1992 121

TEMOIGNAGE NO. 18
SOUS UNE CLOCHE DE VERRE A WINTER HAVEN. 123

TEMOIGNAGE NO. 19
LA MORT EN SUSPENS.. 125

TEMOIGNAGE NO. 20
LE CAS D'AGRESSION VERBALE DE J. S. 128

TEMOIGNAGE NO. 21
TENTATIVE D'ASSASSINAT PAR
ERREUR MEDICALE... 130

TEMOIGNAGE NO. 22
VANDALISME A LAUDERDALE LAKES 138

TEMOIGNAGE NO. 23
EN PERIL PARMI LES FAUX-FRERES.......................... 141

Pour toute information et pour commander la Torche Brûlante ainsi que d'autres livres de l'auteur, veuillez vous adresser à

Peniel Haitian Baptist Church
P.O. Box 100323
Fort Lauderdale, FL 33310
Phone : 954- 525-2413
Cell : 954- 242-8271
Website : www.theburningtorch.net
e-mail : renaut@theburningtorch.net
e-mail : renaut_cyrille@hotmail.com

Copyright © 2023 by Renaut Pierre-Louis

Tous droits réservés @ Renaut Pierre-Louis

Attention : Il est illégal de reproduire ce livre, en tout ou en partie, sous quelque forme ou par quelque procédé que ce soit, électronique, mécanique, photographique, sonore, magnétique ou autre, sans avoir obtenu au préalable, l'autorisation écrite de l'auteur.

www.ingramcontent.com/pod-product-compliance
Lightning Source LLC
Chambersburg PA
CBHW041128110526
44592CB00020B/2727